टंग ट्विस्टर्स

घूमते रह जाओगे

लेखक

अंशुमान शर्मा
नीलम पाठक

Aegis India PL

Copyright

Cover design: Shubham

समर्पण

सुशीला शर्मा और महेश चंद्र पाठक को समर्पित।

विषयसूची

Contents

परिचय

मानव विकास की रीढ़ है संवाद। यह सोचने, नए विचार उत्पन्न करने, नवाचार के समाधान विकसित करने और उन्हें सुधार और विस्तार के लिए दूसरों के साथ साझा करने का माध्यम है। संवाद ही किसी संगठन, संस्था, व्यक्ति और यहाँ तक कि राष्ट्रों की सफलता को परिभाषित करता है। हमारे सोचने और अपनी भावनाओं को व्यक्त करने के तरीके को मानवता की सबसे बड़ी खोजों में से एक माना जा सकता है। भाषा के बिना इंसानो का पृथ्वी पर आधुनिकता के इस मुकाम तक पहुंचना असंभव था।

प्रभावी सोच के लिए विचारों की स्पष्टता जरूरी है। बिना संगठित सोच के, हमारा मन भ्रम की स्थिति में फंसा रहेगा। यह अव्यवस्थित स्थिति किसी भी उपयोगी परिणाम तक नहीं पहुँच सकती। जब हमारे मन में स्पष्टता होगी, तभी हम अपने विचारों को दूसरों तक प्रभावी ढंग से पहुँचा पाएंगे।

विचार, भावनाएँ और मानव सोच बोले गए शब्दों के माध्यम से व्यक्त होते हैं। मुँह से बोले गए शब्दों की शक्ति लोगों के दिलों और दिमागों पर गहरा प्रभाव डाल सकती है। राजनेता, कॉर्पोरेट ब्रांड और सेलिब्रिटी इसका कुशलतापूर्वक उपयोग करते हैं। संवाद की भाषा सरल होनी चाहिए, और संदेश स्पष्ट तरीके से प्रस्तुत किया जाना चाहिए। मौखिक संवाद में, शब्दों

के उच्चारण की गुणवत्ता उतनी ही महत्वपूर्ण है जितनी उसमें छिपी सोच और विचार।

मात्र कुछ लोगों का उच्चारण मौखिक संवाद में स्पष्ट होता है। इसके महत्व को सभी जानते हैं, लेकिन अपने उच्चारण को सुधारने के लिए आवश्यक प्रयास नहीं कर पाते। अधिकांश लोग अपने बोली को स्पष्ट बनाने के लिए आवश्यक उपकरणों और तकनीकों की कमी महसूस करते हैं। यह पुस्तक उन लोगों के लिए एक उपकरण के रूप में काम करेगी, जो अपने प्रारंभिक या औसत स्तर के भाषण कौशल को असाधारण वक्तृता तक पहुँचाना चाहते हैं।

शब्दों के सही उच्चारण की गुणवत्ता, चाहे कोई भी भाषा हो, सभी के द्वारा सराही जाती है। यह प्रभावी और परिष्कृत बोलने के लिए जरूरी है, जो पेशेवर और व्यक्तिगत दोनों क्षेत्रों में सफलता के लिए महत्वपूर्ण है। कई सक्षम लोग संवाद कौशल की कमी के कारण अपनी पूरी क्षमता तक नहीं पहुँच पाते। विचारों और संदेशों को प्रस्तुत करने का प्रभावी तरीका व्यक्तिगत और पेशेवर सफलता के लिए अनिवार्य है। यह सत्य हमेशा से सही रहा है, वर्तमान में भी सही है, और भविष्य में भी प्रासंगिक रहेगा।

ऑक्सफोर्ड डिक्शनरी के अनुसार, 'टंग ट्विस्टर' का मतलब है, "शब्दों या ध्वनियों का ऐसा क्रम, जिसमें अक्सर एक जैसे स्वर होते हैं और जिन्हें जल्दी और सही तरीके से बोलना कठिन होता है। उदाहरण के लिए, 'ढलती धूप में ढेरों ढोल ढोले, ढेर सारे ढीले ढाले ढोल वाले।'" हमने इस पुस्तक में पाठकों के लिए संवाद अभ्यास और मनोरंजन के उद्देश्य से कई आलंकरण और टंग ट्विस्टर का संग्रह किया है।

आलंकरण (Alliteration) का उपयोग वाक्पटुता में प्रभाव डालने के लिए किया जाता है। इसमें एक जैसी ध्वनियों या स्वर का उपयोग किया जाता है, चाहे वह व्यंजन से शुरू हो या स्वर से। यह वाक्य, वाक्यांश या वाक्य संरचना में किया जा सकता है।

पुस्तक में दिए गए वाक्यांश (आलंकरण और/या टंग ट्विस्टर) पाठकों को अपने उच्चारण और संवाद में स्पष्टता लाने के लिए नियमित और गहन अभ्यास करने में मदद करेंगे। यह अभ्यास आपके संवाद कौशल को निखारने और वाक्पटुता को अगले स्तर पर ले जाने में सहायक सिद्ध होगा।

पुस्तक के उपयोग का सही तरीका

यह पुस्तक पांच भागों में विभाजित है। पुस्तक के शुरुआत में आसान टंग ट्विस्टर्स दिए गए हैं और बाद के भागों में मुश्किल। पहला भाग, जो बहुत आसान है, आपके लिए वार्म-अप का कार्य करेगा और तैयार करेगा आगे आने वाले मुश्किल टंग ट्विस्टर्स के लिए। इस पुस्तक में मिले जुले टंग ट्विस्टर्स दिए गए हैं, जिससे हर प्रकार के उच्चारण का अभ्यास हो सके। पुस्तक में व्यंजन (consonants) और स्वर (vowels) के मिश्रित वाक्यांशों केआलंकरण और टंग ट्विस्टर्स दिए गए हैं।

टंग ट्विस्टर्स केवल मन में पढ़ने के लिए नहीं हैं, बल्कि उन्हें जोर से और बार-बार, बिना रुके बोलना चाहिए। हर वाक्यांश को कम से कम सात बार, और बेहतर परिणाम के लिए दस बार लगातार बिना रुके बिना अटके बोलना चाहिए। इसे सामान्य से तेज गति में बोलने का प्रयास करें। सबसे महत्वपूर्ण है हर शब्द को स्पष्टता और प्रवाह के साथ बोलना। आप अपने अभ्यास सत्र को रिकॉर्ड कर सकते हैं ताकि शब्दों के उच्चारण की स्पष्टता की जांच कर सकें।

अभ्यास धीमी गति से शुरू करें और धीरे-धीरे अपनी गति को बढ़ाते जाएं। इन अभ्यासों में फेफड़ों, जीभ, गर्दन और मुँह पर जोर पड़ेगा। हर व्यक्ति की क्षमता अलग होती है, इसलिए अपनी सीमाओं को समझें और किसी भी प्रकार की चोट या अत्यधिक दबाव से बचने का ध्यान रखें। नियमित अभ्यास के साथ, पाठकों को अपने शब्दों की स्पष्टता, उच्चारण, और बोले गए वाक्यों के नियंत्रण में धीरे-धीरे सुधार दिखाई देगा।

पाठक इन वाक्यांशों को अपनी विशिष्ट, रचनात्मक या व्यक्तिगत तरीकों से बोलने और अभ्यास करने के लिए उपयोग कर सकते हैं। हम पाठकों को प्रोत्साहित करते हैं कि वे अपने विचारों को सोशल नेटवर्किंग मंचों पर साझा करें ताकि अन्य लोग भी इनसे लाभान्वित हो सकें।

शुरूआती हल्के

गरम समोसा, समोसा गरम।

नीली रेल, रेल नीली।

बड़ी झील, झील बड़ी।

गोल गप्पा, गप्पा गोल।

पतला पिपल, पिपल पतला।

भारी भरकम, भरकम भारी।

चिकना चमच, चमच चिकना।

तीखी मिर्च, मिर्च तीखी।

लम्बा रास्ता, रास्ता लम्बा।

सफेद बादल, बादल सफेद।

हरा पेड़, पेड़ हरा।

गोल मटोल, मटोल गोल।

तेज़ दौड़, दौड़ तेज़।

मीठा आम, आम मीठा।

चौकोर खिड़की, खिड़की चौकोर।

गहरा कुआँ, कुआँ गहरा।

चिकनी सड़क, सड़क चिकनी।

मोटा हाथी, हाथी मोटा।

धीमी नदी, नदी धीमी।

ऊँचा पहाड़, पहाड़ ऊँचा।

नरम गद्दा, गद्दा नरम।

खट्टा आचार, आचार खट्टा।

बड़ा भालू, भालू बड़ा।

लाल टमाटर, टमाटर लाल।

सूखा पत्ता, पत्ता सूखा।

कड़क चाय, चाय कड़क।

पतली गली, गली पतली।

भूरा घोड़ा, घोड़ा भूरा।

नीला आसमान, आसमान नीला।

गहरी नींद, नींद गहरी।

ठंडा पानी, पानी ठंडा।

रूखा आलू, आलू रूखा।

मजबूत दरवाज़ा, दरवाज़ा मजबूत।

शांत सागर, सागर शांत।

कसकर बंधा, बंधा कसकर।

फीकी चाय, चाय फीकी।

गर्म रोटी, रोटी गर्म।

मुलायम मिट्टी, मिट्टी मुलायम।

कठोर पत्थर, पत्थर कठोर।

सीधी सड़क, सड़क सीधी।

गोल गेंद, गेंद गोल।

चिकना फर्श, फर्श चिकना।

सफेद बादल, बादल सफेद।

ठंडी हवा, हवा ठंडी।

गर्म सूप, सूप गर्म।

काली बिल्ली, बिल्ली काली।

लंबी रस्सी, रस्सी लंबी।

नुकीला पत्थर, पत्थर नुकीला।

गहरा समुद्र, समुद्र गहरा।

चमकीला तारा, तारा चमकीला।

कड़वा करेला, करेला कड़वा।

मीठी चुटनी, चुटनी मीठी।

ठोस बर्फ, बर्फ ठोस।

तीखी मिर्ची, मिर्ची तीखी।

भारी पत्थर, पत्थर भारी।

लचीला बांस, बांस लचीला।

संकरी गली, गली संकरी।

पीला फूल, फूल पीला।

रसीला आम, आम रसीला।

खस्ता कचौरी, कचौरी खस्ता।

शीतल पानी, पानी शीतल।

उज्ज्वल दीपक, दीपक उज्ज्वल।

खुरदुरी रेत, रेत खुरदुरी।

धीरे बहती, बहती धीरे।

मधुर संगीत, संगीत मधुर।

चिपचिपा शहद, शहद चिपचिपा।

सुगंधित फूल, फूल सुगंधित।

लाल मिर्च, मिर्च लाल।

चौड़ा द्वार, द्वार चौड़ा।

सुनहरा सूरज, सूरज सुनहरा।

चपचपा चपाती, चपाती चपचपा।

गोल गुब्बारा, गुब्बारा गोल।

कसकर कसाई, कसाई कसकर।

मुलायम मखमल, मखमल मुलायम।

ज़ोरदार झटका, झटका ज़ोरदार।

भीनी भोर, भोर भीनी।

सरसराता साँप, साँप सरसराता।

हल्का हवाईजहाज़, हवाईजहाज़ हल्का।

कचकचाता कचरा, कचरा कचकचाता।

लपलपाती लहरें, लहरें लपलपाती।

चिकना चित्र, चित्र चिकना।

घनघोर घटा, घटा घनघोर।

चरमराती चादर, चादर चरमराती।

बजबजाती बिजली, बिजली बजबजाती।

सिहरता साया, साया सिहरता।

कलकलाती कली, कली कलकलाती।

धड़धड़ाता धड़कन, धड़कन धड़धड़ाता।

गुनगुनाता गुलाब, गुलाब गुनगुनाता।

टपटपाती टपकी, टपकी टपटपाती।

सिकुड़ता समय, समय सिकुड़ता।

बहकाता बादल, बादल बहकाता।

गुड़गुड़ाती गुड़िया, गुड़िया गुड़गुड़ाती।

खिलखिलाती खिलौना, खिलौना खिलखिलाती।

चुलबुलाती चिड़िया, चिड़िया चुलबुलाती।

दबदबाता दरवाज़ा, दरवाज़ा दबदबाता।

टिमटिमाता तारा, तारा टिमटिमाता।

चमचमाता चमच, चमच चमचमाता।

भभकता भोजन, भोजन भभकता।

चरचराती चिप्स, चिप्स चरचराती।

बुलबुलाता बुलबुल, बुलबुल बुलबुलाता।

ददराता दरवाज़ा, दरवाज़ा ददराता।

सिसकता सांप, सांप सिसकता।

घरघराती घड़ी, घड़ी घरघराती।

चिकचिकाती चिड़िया, चिड़िया चिकचिकाती।

फुफकारता फूल, फूल फुफकारता।

गुनगुनाती गुड़िया, गुड़िया गुनगुनाती।

मिमियाती मछली, मछली मिमियाती।

लड़लड़ाती लौ, लौ लड़लड़ाती।

निनादित नदी, नदी निनादित।

पदपदाता पत्ता, पत्ता पदपदाता।

झझकोरता झरना, झरना झझकोरता।

टटोलता टमाटर, टमाटर टटोलता।

डगमगाता डंडा, डंडा डगमगाता।

तफतफाती तितली, तितली तफतफाती।

थरथराती थाली, थाली थरथराती।

ददूरता दर्पण, दर्पण ददूरता।

धधकता धुआँ, धुआँ धधकता।

नचनचाती नाव, नाव नचनचाती।

पटपटाता पंखा, पंखा पटपटाता।

फफकता फूल, फूल फफकता।

बबूला बच्चा, बच्चा बबूला।

भभकती भाप, भाप भभकती।

मचमचाती मक्खी, मक्खी मचमचाती।

ययाचक युवक, युवक ययाचक।

रराता रसोई, रसोई रराता।

ललचाता लड्डू, लड्डू ललचाता।

ववाला विवाद, विवाद ववाला।

शशकता शिकारी, शिकारी शशकता।

ससरता साँप, साँप ससरता।

हहाकार हंसी, हंसी हहाकार।

ककरता कछुआ, कछुआ ककरता।

खखारता खरगोश, खरगोश खखारता।

गगन गायक, गायक गगन।

जज्बाती जुगनू, जुगनू जज्बाती।

झझलाता झींगुर, झींगुर झझलाता।

टटोलते टहनी, टहनी टटोलते।

ठठोले ठहाके, ठहाके ठठोले।

डगमग डोरा, डोरा डगमग।

ढ़ढ़ाके ढोल, ढोल ढ़ढ़ाके।

तपते तारे, तारे तपते।

थके थमे, थमे थके।

दहकते दीपक, दीपक दहकते।

धुंधले धागे, धागे धुंधले।

नटखट नंदलाल, नंदलाल नटखट।

पतंगे पीछे, पीछे पतंगे।

फिरते फानूस, फानूस फिरते।

बजते बाँसुरी, बाँसुरी बजते।

भागते भूत, भूत भागते।

मुस्कुराते मोती, मोती मुस्कुराते।

यत्न से यात्रा, यात्रा से यत्न।

रंगते रेशम, रेशम रंगते।

लहराते लताएँ, लताएँ लहराते।

विचरते वन, वन विचरते।

शांत शिखर, शिखर शांत।

स्नेह से सारा, सारा से स्नेह।

हँसते हिरण, हिरण हँसते।

कूदते कंगारू, कंगारू कूदते।

खेलते खरगोश, खरगोश खेलते।

गूँजते गलियारे, गलियारे गूँजते।

चहचहाते चिड़िया, चिड़िया चहचहाते।

छप छप छापे, छापे छप छप।

जलते जुगनू, जुगनू जलते।

झूमते झाड़, झाड़ झूमते।

टिमटिमाते तारे, तारे टिमटिमाते।

ठंडे ठावर, ठावर ठंडे।

डोलते डालियाँ, डालियाँ डोलते।

ढूँढते ढाल, ढाल ढूँढते।

तैरते तिनके, तिनके तैरते।

थरथराते थाल, थाल थरथराते।

दौड़ते दीवारें, दीवारें दौड़ते।

धड़कते धड़, धड़ धड़कते।

नाचते नक्षत्र, नक्षत्र नाचते।

पलकें पड़ती, पड़ती पलकें।

फूलों फलते, फलते फूलों।

बहते बदल, बदल बहते।

भूले भटके, भटके भूले।

मचलते मन, मन मचलते।

यादें यातना, यातना यादें।

रोशनी रास्ते, रास्ते रोशनी।

लिखते लेख, लेख लिखते।

विचित्र विचार, विचार विचित्र।

शिकारी शेर, शेर शिकारी।

सिहरते सपने, सपने सिहरते।

हँसते हास्य, हास्य हँसते।

कल कागज, कागज कल।

घूमते घेरे, घेरे घूमते।

चलते चक्र, चक्र चलते।

छाया छंद, छंद छाया।

जागते जीव, जीव जागते।

झरते झरने, झरने झरते।

टूटते तारे, तारे टूटते।

ठहरते ठिकाने, ठिकाने ठहरते।

डगमगाते डाल, डाल डगमगाते।

ढलते ढलान, ढलान ढलते।

तलते तलवार, तलवार तलते।

थकते थाप, थाप थकते।

दबते दरवाजे, दरवाजे दबते।

धूमते धुएँ, धुएँ धूमते।

नभ में नक्षत्र, नक्षत्र नभ में।

पढ़ते पन्ने, पन्ने पढ़ते।

फिरते फेरे, फेरे फिरते।

बजते बाँसुरी, बाँसुरी बजते।

भरते भंडार, भंडार भरते।

मुस्काते मुख, मुख मुस्काते।

यात्रा योजना, योजना यात्रा।

रंगते रंग, रंग रंगते।

लहराते लहरें, लहरें लहराते।

वादे विश्वास, विश्वास वादे।

शांत स्वर, स्वर शांत।

सुनते संगीत, संगीत सुनते।

हंसते हंसी, हंसी हंसते।

काटे कागज, कागज काटे।

खेलते खिलौने, खिलौने खेलते।

गिनते गिन्नी, गिन्नी गिनते।

घूमते गोले, गोले घूमते।

चित्रित चित्र, चित्र चित्रित।

छुपते छाया, छाया छुपते।

जलते ज्योति, ज्योति जलते।

झूलते झूला, झूला झूलते।

टिकते टिमटिम, टिमटिम टिकते।

ठंडे ठहराव, ठहराव ठंडे।

डोलते डाली, डाली डोलते।

ढूंढते ढाल, ढाल ढूंढते।

तरते तालाब, तालाब तरते।

थमते थाप, थाप थमते।

दौड़ते दौर, दौर दौड़ते।

धबकते धड़कन, धड़कन धबकते।

नाचते नर्तक, नर्तक नाचते।

पिघलते पर्वत, पर्वत पिघलते।

फैलते फूल, फूल फैलते।

बढ़ते बादल, बादल बढ़ते।

भागते भूत, भूत भागते।

मिलते मित्र, मित्र मिलते।

यात्रा योग, योग यात्रा।

रचते राग, राग रचते।

लहराते लता, लता लहराते।

विचरते विहंग, विहंग विचरते।

शिखर शिक्षा, शिक्षा शिखर।

सजते सपने, सपने सजते।

हंसते हरिण, हरिण हंसते।

कूदते कंगारू, कंगारू कूदते।

खिलते खिलौने, खिलौने खिलते।

गुनते गीत, गीत गुनते।

घूमते घड़ियाल, घड़ियाल घूमते।

चलते चित्र, चित्र चलते।

छांटते छवियाँ, छवियाँ छांटते।

जागते जंगल, जंगल जागते।

झरते झरने, झरने झरते।

टपकते टपक, टपक टपकते।

ठहरते ठिकाने, ठिकाने ठहरते।

डगमगाते डोर, डोर डगमगाते।

ढलते ढलान, ढलान ढलते।

तैरते तरणी, तरणी तैरते।

थकते थाली, थाली थकते।

दिखते दीवाने, दीवाने दिखते।

धूमते धुआँ, धुआँ धूमते।

नचते नाग, नाग नचते।

पढ़ते पुस्तक, पुस्तक पढ़ते।

फिसलते फर्श, फर्श फिसलते।

बजते बाजे, बाजे बजते।

भरते भंडार, भंडार भरते।

मचलते मन, मन मचलते।

यात्रा योजना, योजना यात्रा।

रचते रंगोली, रंगोली रचते।

लगते लड्डू, लड्डू लगते।

वादे विचार, विचार वादे।

शांत शिक्षा, शिक्षा शांत।

सपने संगीत, संगीत सपने।

हंस हमेशा, हमेशा हंस।

क्रीड़ा करते, करते क्रीड़ा।

खेलते खिलाड़ी, खिलाड़ी खेलते।

गूंजते गलियारे, गलियारे गूंजते।

घूमते घोड़े, घोड़े घूमते।

चमकते चाँद, चाँद चमकते।

छुपते छाया, छाया छुपते।

जीवन ज्योति, ज्योति जीवन।

झिलमिलाते झील, झील झिलमिलाते।

टिमटिमाते तारे, तारे टिमटिमाते।

ठंडा ठहराव, ठहराव ठंडा।

डोलते डाली, डाली डोलते।

ढहते ढेर, ढेर ढहते।

तरंग ताल, ताल तरंग।

थाप थम, थम थाप।

दौड़ते दृश्य, दृश्य दौड़ते।

ध्वनि धारा, धारा ध्वनि।

नर्तक नवीन, नवीन नर्तक।

पढ़ते पुस्तक, पुस्तक पढ़ते।

फैलते फूल, फूल फैलते।

बजते बांसुरी, बांसुरी बजते।

भागते भविष्य, भविष्य भागते।

मिलते मित्र, मित्र मिलते।

यात्री योजना, योजना यात्री।

रंगते रेशम, रेशम रंगते।

लिखते लेख, लेख लिखते।

विचार विश्लेषण, विश्लेषण विचार।

शिक्षा शक्ति, शक्ति शिक्षा।

सजते सपने, सपने सजते।

हस्ते हास्य, हास्य हस्ते।

कूदते कुत्ते, कुत्ते कूदते।

खोजते खजाना, खजाना खोजते।

गढ़ते गीत, गीत गढ़ते।

घिरते घन, घन घिरते।

चहकते चिड़िया, चिड़िया चहकते।

छाते छाया, छाया छाते।

जलते जुगनू, जुगनू जलते।

झरते झरने, झरने झरते।

टहलते तारे, तारे टहलते।

ठहरते ठिकाने, ठिकाने ठहरते।

डूबते डाल, डाल डूबते।

ढूँढते ढोल, ढोल ढूँढते।

आसान

कच्चा पापड़, पक्का पापड़।

कच्चा पापड़, पक्का पापड़। पापड़ पक्का, पापड़ कच्चा।

चंदु के चाचा ने चंदु की चाची को चांदी के चमचे से चटनी चटाई।

खड़क सिंह के खड़कने से खड़कती हैं खिड़कियां खड़क सिंह के खड़कने से।

समझ समझ के समझ को समझो, समझ समझना भी एक समझ है।

पके पेड़ पर पका पपीता, पका पेड़ पर पका पपीता।

दुबे दुबई में दूब डूबा, दूबे के डूबने से दुबई डूबा।

बड़े भैया की बीवी बाजार से बड़ी बिंदी लाई।

छह छछूंदर छक्के छाप छत पर छाती छाप छतरी चलाते हैं।

काले कौवे से कहो के कौआ काला है।

शीला चीला घी में, और घी सीली चील में।

चार कचरी कच्चे चाचा, चाचा कच्चे कचरी खा।

बबलू की बुआ ने बबलू को बिब्बा बनाया।

फ़रीद के फूफा ने फ़रीद को फोन किया।

राम ने रघु को रामघाट पर रसगुल्ला खिलाया।

गोलगप्पे के गोल गप्पे गोपाल गुप्ता ने गपागप गप किए।

तीन तलवारें तरुण के तरफ तेजी से तनी थीं।

गोरी ने गोल गोल गोलगप्पे गले से नीचे गोली।

बंदर बबून बैंगनी बनियान पहने बन बन भागा।

शशि की शादी शरद से, शरद की शादी शशि से।

छब्बीस चिड़ियां, छज्जा चकोर, छलनी चादर।

चाची ने चाचा को चार चमच चटनी चटाई।

फ़ुरसत के फेर में फासले फिर से फासले हो गए।

रमेश ने रोशन को रसगुल्ला रखकर रसोई में रोका।

लल्लू ने लाल लाल लड्डू लिए लालू के लिए।

सीता ने सीढ़ी से सात समोसे सचमुच सरकाए।

गोपाल के गोबर गोबरे में गोलू ने गोली मारी।

प्रिय प्रकाश ने प्रिंस प्रताप को प्रतापगढ़ में पकड़ा।

बिट्टू ने बिना बताए बिटिया के बर्तन बजाए।

मिली की माला मीना ने मारी, मीना की माला मिली ने मारी।

नितिन ने नीना को नानी के नाम नारियल निगलाया।

टिकट कटा के टिकट कटनी को टिकट कटा के दिखाया।

दादी ने दादा को दी दाल दादा ने दादी को दी दाल।

चिंटू चिंकी के चक्कर में चक्कर खाकर चित हो गया।

पंकज की पिंकी पकड़े पिंक पेंसिल पर परेशान पड़ी।

काकी के कौवे की कविता किसी को कठिन क्यों कवि को कठिन कौन कहे?

भोला भाला भालू भरी दोपहरी में भूला भटका।

राजा रानी रजाई में रजाई से रजाई तक रेंगते रहे।

शेर शिकारी शिकार को शिकार शिकारी शेर को।

कच्चे केले का कच्चा कचौड़ा, कचौड़े के साथ कच्ची कैरी।

तीन तेली तिलक तराजू तेरह तारीख।

गप्पू गप्पी के गपशप में गप्पू गप्पी गुम हो

सिटी सीसीटी सिटी सीती, सीसीटी सीटी सीती सी।

चंदू चित चटपटा चकली चुबने चला चप्पल छीन।

कंगन की कहानी कही किलकारी की कद्र करें कागज़ के काले कुकुर को।

टिटली टिड्डी टनना टोल तोता टोपी तलतलाता था।

डराए डराए डरिया, डरिया में डूब मर गया।

बलबले बालक बम्बू बजा, बजा बैंड बजा बंदूक बजाया।

नीला नीम नींबू नाना, नाना ने नींबू नचाया।

गजब की गरज गरब गूंजी, गूंज गूंज कर गूबर गिर गया।

छोटा छत्तान चट्टान छाया, छाया छापा चुपके चला चापलूस छोकर चाया।

राजा का राजा रंग रंगीला, रंगीला रंगमंच पर रंगीन रंग रचाया।

डुबकी डुबकी पड़ी जल में, जल में जीवन जीना जरूरी है।

लाल लाल घोड़ा लहसुन लाल मिर्च, लाल मिर्च लगाकर लालच लालच में लिपटा।

समोसे सीख सीखा सींदी से, सींदी से सड़क से सांप निकला।

गिलगित की गली गढ़घडा, गढ़घडा गरगराया गहरी गरज।

जूता बंदी बाल साफ कर बाँध, बाँधकर बनी बंदूक बारिश में बार बार।

ऐसी ताकत ताकतों का ताप, ताप के तेज़ उस तारे तक नहीं पहुँच पाया।

चिड़िया चिड़ा से चीरती चिंगारी, चिंगारी से चमचमाता चमचमाता चाँदू।

गहरी गहरी घाटी घुरघुराती गाड़ी, गाड़ी गड़गड़ा गड़गड़ाती गिरी।

झूला झूलने का जलवा, जलवा जब जलते जलते झगड़ा हो जाये।

बालक बाँका बहुत बड़बड़ाता बाबू, बाबू ने उसकी बणाई बिरयानी।

सुना कुत्ता कुतिया से, सुनी कुतिया कुत्ते से

सबसे सस्ता संडा बार बार सस्ता है

छोटा चटका छोटी चीरा, छोटी चीरा छोटा चटका

भुरभुरा भूरा भीड़ भारी, भैंस पर भैंस जब झुरमुट भारी

छोटी सी चींटी चिंच, छोटी सी चिंच चींटी

चचेरे चाचा ने चाची से चिकनी चापली चिकनी चिकनी चिकनी चप्पलियां चुराई

धुलमुला धुल्का धुना, धुले हुए ढोल में ढोलकी ढंग से ढुंढा

पतंग फट गई, पतंग फटी

मोटा मक्खन का महंगा धंधा, मक्खन का मोटा धंदा

स्नेक स्नेक स्नेक सबके लिए स्नेक

पाँच पाँच पपीते, पाँच पाँच तमाचे।

चार चावल चक्कर, चाहे चप्पल चप्पल।

चिड़िया चुगना चमच, चिपकली चाटी चट्टान।

मंदिर में मुर्गी, मुर्गा मौसेरी।

दिन दो दिन दोस्ती, दांत दबाना दुश्मनी।

मच्छर मक्खन में मंदी, मधुमक्खी मच्छर डंडी।

राजा का रंग, रंगदेना रंगीन।

सुबह सुलगती सिमटी, सपना सुध छूट गया।

नमकमीर्ची, नानी नकली नानी।

खाएं खीर, खा खात्मा।

बंदर बंदरिया बैल बकरी, बघीचे बादल बरफ बर्फी।

गिरगिट गिरकना, गाड़ी गिरना।

ठठ्ठा ठीका ठंडा, ठीने समझाना थका।

टैक्सी ट्रक तड़क्का, तन्तर मंतर टिक्का।

दही ढंग ढोलक ढक्कन, ढींग दांत दारु दुकान।

धरती धड़ाक धीरे, धोप ढक धनीरे।

पिंगला पिंपिंग, पालक पापड़ी पप्पू।

फट फटियली फिस्सर, फिस्सर फुलका फर्कर।

भाई बकरी बेचना, बेलना बांधकर बैलगाड़ी।

यहाँ यहाँ योजना, यानी योग्यता योजना।

एक कौआ कौवा के पास कौवा का पालतू कौआ बैठा था।

पंछी पर पंछी पकड़े, पंछी के पंजे बहुत बड़े।

तितली तितलाटी टुटली में गिर गई।

चचेरे चाचे चौथी चाची मिली चाय पीने।

खिलौने की खिलौने से कितनी किलौनी हो जाती है?

दाढ़ी वाले दादा दांतों की दवा दुआ से दी!

नए नाते नाना नानी के घर नाचने जाने।

माँ मांगे मदाल, पापा ने पकड़ा पाल।

चंदन चाँदनी, चाँदनी की चंदनी।

छोटे छाते छतरी चल छप्पर फादर फट गया।

फुल फूल फरियाद, फूलों फिर फूलों की फसाद।

रानी राना रन्गीन रंगीन कपड़ों में रमने लगी।

जंगजीव के जंगल में जंगली जौहर जोड़ा जा रहा था।

टिड्डी टिड्डे से टोपी टोपी से टेस्ट नहीं होगा!

यहाँ यहाँ युद्ध है, याद याद का योग्य है।

बिल्ली बिलोटा बिल्ली बिल्लियाँ, बिल्लियों को बिल्लियों से बिल्लियाँ प्यार होता है।

देव देवताएं दरवाजे पर दरवाजा देख रहे थे।

राजा ने रानी से राजकुमारी के रिश्ते को निभाने को कहा।

लड़का लड़की के लिए लड़की का लड़का ढूंढ रहा था।

मोर मोरा मोह मान सकता है, मोह मरा मेरी भूल से।

सिद्धार्थ ने सितारे से सितारा लेने की सोची।

गोपाल गोविन्द गुणवंत गंगा के किनारे गाना गाया।

धरती धीरज धार देती है, भूमि को भव्य भाषण सुना देती है।

पंडिताई पार्वती के पास प्रवचन करने गई।

मिठै ब्रिजला मिठ्ठा, मिसी हवाई मैदान में बारिश भी तैयार थी।

कंचन कपड़े कड़ाई में कचरे को कढ़ती रही।

बलूना बंदूक बालकना बच्चों के बिचोलिये में बंदूकद्वारा बिल्ली को बहुत बिल-बिल करती दिखाई दी।

चंदौसी चांदनी चाँद को चाची की चादर चमकाती थी।

झेरी जिम्मा जवान जोशी जर्जा था।

फरनी फलनी फूली छोटी फ्लाइंग फंगस का फल फुलला।

शर्ली शुरुआत में शर्क शिविर श्वेत और सफेद शनियों के स्वागत के लिए आई थी।

चूहे चूहाएं चंटो चटपटी चीज़ चबायी

किस चाची की किताब के किपर को कितनी कहानियां बंधी थी?

गेरू जीरू जुरो गमला में गांठ बांधते थे।

थरा थरा समुद्र के तट पर गुब्बारा पर्व बधाऐं दे रहा था।

ड्राईविंग की डाईरी में डोरा डोरा डाकवाले के जवाब की डिलीवरी डाच की।

साँवल सत्री सरस स्वरणा से शुरुआत हुई।

तनु, तहलिया, तंजीया, तहलके में टपकने वाले सरीयों को बता नकल किया।

हाथी हिरनी हरन हा तो हरन था, हरनी हईरी थी।

पनसारी छावनी पसीने को पानी दे रहा था।

धनुषं द्वार दूल्हे की दुल्हन धमधमाती हुई धमकी।

रथ सरथी सुधार, सुलगना सूख बस्नहार।

लाल लकड़ी लगगा, लकड़ी लाल लपटें लगाना।

विद्यार्थी विकल्प विचार, विशेष विषाद विचार।

श्रीमान शर्मा शयन, शलमीं शिमला शयन।

काला किया किर्दार, कीर्तन कीचड़ किरदार।

तेज तरंग टकराई, टिचड़ तार टकराया।

डब्बा डुबक्की डंडा, डोरा डरिया डांक।

नौकर नैतिक निभार, नेपाल नेता निभार।

फलक पर्वत फूल, फोड़ फेकना फुल।

चांगुल चुण्डर चीं, चेहरा चिंगारी चांधी।

राजू रंगीला रंगबाला, रूढ़ी रहीम राजधानी।

सस्सु सिस्सको सुझाए, सीता सुनिए सुनाई।

गिलहरी गिरगिट ग़बरीए, गाँव गांव गाँव ग़बंजी।

चिंटी चुसकी चंदन, चमकी चमच चमची।

ज़िन्दगी झुम, झूल, झलकिए, झंझझर झपक के झलकिए।

झींगा झेला झुल्ला, झसपिला झून्जन।

डोली डाकू डबको, डिब्बा डालता डककड़ी।

गुब्बारे गुजरा गिम्मिक, गोना गरीब गुजरिया।

तितली टिप्पणी टट्टी, टौड़ी टोली टरीया।

थनी ठंडी ठोकर, ठण्ड ठीन – थूं – ठीना।

द्रव्यवारण डेब़, डब्बू डल डली।

अनारकली अंगूरी, अगड़ अद्‌डी अडाई।

खिचरी खाई कचौरी, कड़वा कट्टर मक्कोरी।

जमुन की खेती, खजाने की कठी, किरण की किमया।

चुबुल चुम्बन छोटा छता, छिया छोटा छोहरा।

थिती थान, थर्र का किस्सा, थाई का करकता।

नौतंकी ना गुत्थी, नव नरंगी णण्डी।

टोपछुट टेलीग्राम, टिकोना टेरा टुकड़ा।

डिक्की डिन्टा, डान्डा डोकेदार, डब्बा डंडी डलियार।

फुग्गा फुर्वपपेश्वर, फूंका फुप्कारी पियारी।

सुनो सुनो सुकुन, सुकून सुहागन।

चाँदनी चमक, चंद्रमुखी चांदी।

मुर्गी मारे मक्खी, माछछर मच्छे मक्खन।

गाड़ी गाना गोल, गोलगप्पा गुब्बारा।

लाल लाल लिपिस्टिक, लोटा लाल जंबाजी।

बिलाइया बिल्ली, बजार बिजली।

कहीं खोजी कहीं खोजी, काका की कौवा।

पानी पानी पानी, पाँव पे पत्थर।

गिरगिट गुंडगा, गुंगुनाती गाड़ी।

होली होली रंगोली, रंगरोगी रोटी।

दिन डब्बा दबाव, डलदल डोबारा।

मौसम में मेंदी, मेनदक मंदिर।

ठंडी ठंडी थली, थाली थाली ठेली।

टल टोल ताल, ताजमहल ट्रेन।

दिल्ली दूल्हा, दीवार दमादी।

नौकर नकर निकट, नें नृत्य निम्बू।

फूल फूँकना, भूख भूतनी।

भोपाल भूरा, भालू भांडी।

मिलनी मिष्टी मूँगी, माखन मानी मिच्छी।

योगी योगिनी, योगलेश योगियों।

रात की राड़, रजाई राने।

लाल लोरी लबालब, लोमड़ी लोट पालक।

ससुर सुसु चिट चिट, सुई सुन्दर सपनी।

जीजा जूना चम्मच, जूठ जोर जादू।

कल कर मन की खिचड़ी, करो करम खातम जलजली।

गाड़ी गिरा गरुण, गज का घास घुमना।

छोटा चुटिया, चाटी नारकी नींद।

डाक्कड़ी डकार, डेढ़ डिस्क दोगी।

दम डीमाग कम, दोनों दूध देना।

धृव धर्म धीरज, धूप दीवाली दुस्मनिताप।

पलक पीलू घर, पितर पथर फूले।

फल फलिटी छिन, फुल्लियों का फर्केपटक।

बेता बोटा बनाना, बीमा बीच सिद्धक।

चांदनी चढ़ी चट्टान पे, धातु चुम्बक की भाँती चुम्बकिये था।

सरकारी स्कूल में सूरमा चाचा, चाची सुभाष के साथ समाचार पढ़े.

टोमेटो टमाटर टोटका, टेढ़ी टूटी टकिया.

कामख्या के कानों के नीचे काला किरमी बाग बोना.

पहाड़ी के पास पीतले पत्थर पर फूल फूल दुध मांगता था.

साहिबा सारी साड़ी सील सीकर संग संग बड़े बिल्ली से लड़ी.

कैलेंडर के कपड़े काले, काली कॉटन की कुर्ती कूद पड़ी.

मोटी मिठाई मेरी, मीठी होती थी टीम टीचर तक नहीं पहुँची.

चार चाँद चमके, चिणी चायी चमचे पर चुव कल कराए.

नाना नेहरू ने नीम का नीरमल नासा नेता समझा.

कुत्ता की काटा किरक को, किरक की किरी तैर गई.

झूले पे जुगनू जलती जलीदे, जलने की जली जली बिकली.

धातु धन से धोई धुला, धरती धड़कने देखने गया.

करतान खातर, खाने के खदर ज़्यादा खाया.

गुब्बारे की गिनती गली गली में गौमुख गुजर गया.

ताजमहल तलाब पे तितली तेड़ी तेड़ी उड़ गयी.

पानी पर पांच पत्थर, पतंग तक पहुँच पाए.

बुद्धिमान बबू बाबला बन गया, बोलना भूल गया.

रविवार को राजनीति रह रही रे, राम राजा का राजनामा रखा.

ये योजना याद यज्ञ के यंत्र में यतना युद्ध की योद्धा याड क्यों कोई याद करे.

सितारा सिर पर स्वर्ग के, सूरज सोम सप्तर्षि से सुनारी संवेदना.

हरा हिरन हंसता हुआ हँसने चला, हंस फिर हँसा हुआ हल्का हल्का होती हुई.

पंख पर पैर पपीहा पे पहरेदार, पूछना पूछकर पत्थर फेंका.

कमल के कानों की कच्ची कमीज में कुकुर कमरे में को कूदकर कोल.

सिमट रही सरदी से सीता, सबकी सेंधिया सूझ गई.

गली के गुलाब गुदड़ी गोली से गहरा गड़गड़ गाहक गूंज गया.

राम की राधा रही राह दिखाते हुए राजगद्दी.

नदी के नाविकों ने नीम के पत्तों से नाटक नाटक किया.

करुण के कंकर को क्षमा कर कोकिला को कही.

पंचम के प्रमद की पाटनी पायश पूछ कर पांचालि को पिलाया.

फिट्कर की फसल फूल टिप टिप कर फिसफिसाने लगी.

कच्चे केले की कॉकटेल कॉल में कूद पड़ी।

लिटर के लाल लालची लेडकी लिपटके लंगड़ी में.

हरियाली की हवा हाराने के लिए हंसीले हवाई जहाज़ की हैत लगा दी.

पेड़ पे पक्षी पीई पानी, पानी पीने के लिए पेयजल की पाती कटवा.

डब्बे पर डब्बा डाला, डाल को छिपा कर दफ्तर दौड़ा.

चिड़िया चमच पर चढ़ी, चमी टोपी में सुनहरे सपनों की सरगर्मी.

नाच नाद की नामक नाव की नाव की नाव नीचे दीवाल में डाल वाव.

काँच की कीली कारनामे की खबर के काट के खेतों के कानों में क्योंकि काजल काज मैं थी.

गोरा गधा गाँव गहरे गार्डन में घुम घुम कर गेट की गदाजियन साफ़ करता.

रंगीन रैनबो रहा, रहम की आशीर्वाद पर रंगों की खीर रक्ख चट कर रहा.

नेर में नाई ठीक नहीं था, नाई ने नेताओं को नाक काट के निगल लिया।

लाल लाल लेटर लिखते लिखते लुटेरे लुट गए.

लाल लिम्बु की लेटील लाट लगी लेटर लोग लेट गए.

पतंग की पंछी परिन्दा पोट चुभता पट्टाखा टट्टी से टकरा गया.

बड़ी बिल्ली बाबा को बिली कहकर बुला बुलाती रही.

नारियल की नारी नाचती नदी के किनारे.

मिर्ची के मजे की मस्ती मक्कार दोस्त के साथ सता रही थी.

भैंस की भुखमरी भोर भी भोजन बंचने से भी नहीं इक-दुजे के बाल गिरा गए.

दिन दिन मज़े में दिवानी दुल्हन दुल्हनी बरात में बलख रही थी.

उल्लू उकसाते उठ उठकर उलझ गए.

सूत्र से सलाई से सिलाई, सिलाई सिलाई करती रही.

किसी ने किस्मत की कुल्हाड़ी का कटाव किया की कला किया.

चलनी चमचे चुस्की की चमचारी करती रही.

बिल्कुल बेकार कुलबुल बिल्कुल बुलबुल मिलजुल।

चूल्हा चाकर चम्मच चला रहा है.

चारों चिड़ियों ने चोवले चूजे चुरा लिए.

उस उबलते पानी में उबलते अंडे उबलती हैं.

घसीटी घसीटी घास की घास चबा रही हैं.

हाथी हथोड़ा लाया, थोड़े ठण्डे ठंडा लाया.

कंगन के कांगन सबको पसंद हैं, कंड़ियों की कंड़ी डंडी डंडा हैं.

तुम तो माँ ने मांगे थे, मिसी ठंडी सोंची सोंची.

कर बजाये करता बजाये, कल सब कायल हो जाएंगे.

प्यारी प्याजी पकोड़ी चखी, पूरी खाकर ख़ुशी ढ़खी ढ़ाखी.

नींद में निगाह निघाही निगोड़ी चप्पू रखी रखी.

सत्तर सत्तर सूरज सस्तम हैं, सस्तम मस्त सितारे सस्तम हैं.

चाबुक चबाकर चंदनी चली, चिंता हुई चान्दनी चलती चली.

चिंता चढ़ी चाँदनी चली, चूजे चबा चब्बनी चली.

राजा रानी रुमाल धोते रहते हैं, रबड़ी रस पीते रहते हैं.

गोल गुंडे गेंद लाता हैं, गर्दन गोलमाल करती हैं.

जुलाबी जूता जल्दी जा रहा हैं, जल्दी जोल भर जा रहा हैं.

लेली गई लेमन लेमन लच्छे लच्छे, लेमनी लुस्सी लालच देख देखे.

ठंडी लाये ठंडी लस्सी, लहराये फुल झूल लस्सी.

छोटे छोटे छोटे चेचक चरखा चलता हैं, छोटे छिड़की चरखा फलता हैं.

फूलों फ़ूलों के फूलबारन की चम्मच चुराये.

गोलमाल गोल गेंद रंगीली हैं, गंदी गंदी गलियों में नीची नालियां हैं.

चिड़िया चढ़ी चांदनी चटाई पर चटाईयां छिड़क छिड़क छिड़ाती हैं.

किताबी किताबी कोशिश करती हैं, कागज़ी कागज़ी कपड़े पर कपड़े छिड़कती हैं.

शीतल शीतल शाम खिल रही हैं, शोखी शोखी शाम सजा रही हैं.

घसीटी घसीटी घास गलती हैं, घुमाए घुमाए घोड़ा घुसता हैं.

पढ़ा लिखा कबूतर पंजा पकड़ मालेशिया गया, पंजी पंजी तलवार से काटा गया.

मिठाई मिठाई महज़बीन पर महज़बीन चढ़ती हैं, मज़िदार मज़िदार मुंह से मुंह खोलती हैं.

किरण किरण कहती हैं सागर में कवि डूब जाएं, कमल कमल कहता हैं हवा में उड़ जाएं.

दूधी दूधी दि दन्तकाठरी डंडा हैं, धियानी धियानी दूध के पानी से ढंका हैं.

हाथ पकड़ी हाथ पिया पास बोले, हवा हवा कहती हैं शोर मचाओ.

छोटा चिंटू जालीदार चांटी चबाता है।

कच्चा केला कच्चियाँ कच्ची क्यों काटती हैं।

सूरज सात सूर्यमण्डल से सुप्रभात सारे सैर करता है।

रंगीन आभूषणों में रमेश रंग-रंगीन दिखाता है।

निकला नीले पंखों वाला नीलगाय नृत्य करता है।

चंदन की चटनी चाट में चढ़ाती है।

लाल लाल लिप्स लल्लू लातें मारता है।

धीरे-धीरे धड़कनें ढीले हो जाती हैं।

कुम्हलानी कुंजी की कैसी कम्पन हो गई।

झूलों में झूलतीं झूलनवाली झूला दिखाती हैं।

पहाड़ी पर पंछी पक्षी पुष्पों पर प्रणाम करता है।

बंदर बन्दर बंदूक बजाता है, दिनभर बाजार में बसाता है।

नागिन नाचती नीचे नहीं जाती है।

काला किला केला पर क्यों लगाता है और कच्ची की चाट पर रक्खा है।

सोने का सोना सोने को सोना कहा जाता है।

भौका भौंक देता है, भारी भी देता है।

मायाभाटी के मुखवाक में मुख हैंत छिप गया।

रंगीन रसगुल्लों की रोटी रेत से रंगी हुई थी।

चायपत्ती पर चिंटी चिढ़ी चटकनी चिढ़ाती है।

तितलियों की टोली चंद्रमा के चारों तरफ ताबूती ठहरी थी।

कट्टा कट कर काटता है, कट्टा कहाँ गया कट गया?

सोने से सोना पर सुनार मतलब क्या कहता है?

समोसे के दाम कम हो गए, समोसे को कौन खा गया?

लाल पे लाल, नील पे नील, आपके शहर में हमेशा छाएँ रहती हैं।

चाचा चचेरे चेटी कच्चा कच्चाली चिढ़ाता है।

चीनी की खाली चिड़िया चिनार के चूहे से चिपक गई।

खटखटाती कात की कहती कथा, धूल धूसरी धोया धज्जा।

टिटटियाँ टर्ड़ी टर्कें टांगों पे तंगें टांगती हैं।

हरियाली हरिनाम वृक्ष हमेशा बगीचे में बसते हैं।

नीला नारंगी नानी ने नाँव नहीं नचाया।

गुब्बारे की खुदाई गमलों में गढ़ामेढ़ा करती हैं।

जुलेबी की जगह जलेबी की जगह जमून के जेलेबी जमते हैं।

कर्चरे पर कच्चरा, कच्चरे पर कच्चरा, कूड़ामल की कौड़ी जमती हैं।

पानी पीलाओ प्यासी पीपली, पिपरती पीपी पीपाल पे।

खिड़की में खिली खटिया, खटिया में खली खिलौना, सब मार के मरता हैं।

झूले पर झूलती झाड़ियों की झूली नजर आती हैं।

छोटा चिंटू छड़ी चुराता है, छड़ी चिंटू चीखने चिल्लाता है।

ठंडे ठंडे ठंडी में ठंडी मुंडी ठरक रही हैं।

धनि धनुषी से ढंग धबंगा, ढंग बब्बु बन बगल की बगिचा में बसा।

गली में गूंजती गेंद गेंदबाज से गेंद गिर गई।

उबलते जायकेस धोबी की नई धोखी धाक धमधम.

श्याम शियाल शहनशाह से बात कर रहा था

विश्राम से विश्वासपात्र पर वंश व्यवस्था दिख रही थी

हरिमिर्ता हैंडल ने हरी चटनी हाथ में थमाई

देवकी जानी जल्दी जल्दी जलील जलजीरा धनी के पीछे पीछे भाग रही थी

मनुष्य महान है, मनुष्य मामा मामी मोरी मानते हैं

ढोबी सबनी धोए, सब धोबी सबनी धोये

शीशे में सा पा, लाल पिल्ला, लाल पिलली, लाल सा पिल पिल्ला सी पिल्ली

कुछ छोटी चुग्गली चटनी, कंचा छोटा चमचाइयों के साथ

चार समोसा चढ़ाऩ, चावल चश्मा चटानी समेट

लाल गुलाबी लालिमा जफरान जली, जानी जानी की चर्चा खत्म नहीं हुई

रंगीपूर्ण रंजत रातीं, रुमाल रकईयों के साथ

कमरा के किनारे के कुछ करोड़े की केक हुई कट

गुब्बारे गरम थे, गोबी के गोलियों के साथ

चांस चप्पल चावल खाने चला, चटाई चटाई चढ़ा चबाने चला

करोड़ों काले कहरे काला धनी के स्वागत में सजे

रंगीन रंगीली रंगबिरंगी रसमलाई, रंगों के राजा के संग

छीटी चोटी चापदा फूलों की बुधीया चली चौगाने

ताजमहल ताज के टुकड़े टूट रहे थे, टैक्सी टप टप कर टहने

चौखट चुनारी चमकीली चंना, चुड़ियों की चर्चा छमकी

जामुन के जुगनू जल गए, जज्बात जोत जल गए

बताशे पकोड़े पकाये, प्रत्युष के पग पळे पियूष के संग

मोहम्मद का मालिकाना मामला मोहल्ले में मचा

खट्टी कच्चेरी की कठोरी कटी कर खा

चमन का चापलूसा चतुराई चिड़िया चुग गई

अल्याली मेटली के अढोल अखरोट अठाईस

नाखून के नीचे नौलने की चाबी नहीं थी

चिंताका चक्कर कट सके चप्पल सिर पर

भोरी का भैभजान माला जोरों से बाँधी

गोपाल गैंगा में गोले गोली चाट रहा था

खिलौना कचुआ कपत्त, कोयल की कलम पर कटरन चलाती

जीतेगी जिन्दगी जीने की चुनौती जबरदस्ती खेती में लगी

छोटी म्हारी छाप छोटा चैनल चला, चार दिन में चैंपियन घोड़े चला

बंगाल का बंका बगिचे में बच्चों को बुलाता है

टोपी के टेराकोटे टुक्कड़ से चापेटी त कही

दफ्नी दौड़कर दुकान आयी, दुकानदार ने ठगों को धूली

ननद की नींद नटखट ननन्द ने छीन ली

चट से चाटे चचा का चरखा चरण, चंदू की चम्मच चरख की चारपाई पर.

चांदण मामाजी चचेरे में चिंघार, चोरों ने चढ़ाई परछाई

गीत गाता सूर सौंधान, गधा घोड़ा स्तब्ध खड़ा

चार चूजों वाले चौचके चाबकी चले चोरी के चार पेच छींकते हैं।

केचप के खातिर कंगी कौड़ी के कोहरे को कैद करो।

हरा नारंगी नौ नौ नारंगी, निकलते निजामुद्दीन से हरी नगरी।

गुलाबी गुलाबों की भच्ची गमले में गुलाब ले रही है।

बाल्टी बहुत भरी है, बहुधा बेहरी है।

कल्लू को अंगूर चुराने आया, कंगी से कलेजा छुड़ाने आया।

ताज महल तक दौड़ा तू, बंदर ने चोरी सोना लूटा।

सर्दी में सूरज उगता है, सूरज मेरे रीयाल में होता है।

बबलू की बिल्ली बिल्लौरी, बिल्ली ने बिल्ली भर भूरी।

चिंटू के चिप्स चाचा चटकारे से चबाए।

तीन तितलियाँ तीन टोकरियों में तीन तीन तरबूज तोलें।

शीला ने शीशे के शीशी में शक्कर भरी।

गोलू के गोल गोभी के गोले गोलाई में गोल।

चंदा की चमची ने चमचमाते चमच में चमेली का चमत्कार देखा।

प्रिया की पिंक पिपली पीपे पे पिस्ता पीसे।

भूरी भालू ने भोले भालू से भुना भुट्टा भुलाया।

मीना के मीठे मंगोड़े मीरा को मिले मधुर।

लल्लू के लड्डू लाल लिफाफे में लाल लाल।

पप्पू की पपीहा पपीता पे पप्पी देती।

खगोल के खगोश ने खगड़ा के खाँचे में खाया खीर।

घुमक्कड़ घुमंतू ने घुमावदार घुमाया।

टप्पू का टूटा टपकता टपोरी टपक-टपक के टपका।

नन्ही नानी ने नरम नान निगली।

चाचा ने चीची को चांदी की चैन चम्मच से चमकाई।

शरमा के शरबत शीशे के शरबत में शामिल।

गुड्डू के गुड़ गुलाबी गुलगुले गुड़ गुड़ गुड़के।

पिंकी के पकौड़े पिंड चूने पर पके पुरे परिपूर्ण।

बंटी की बंदूक बंदर बंदरिया बाजार बहकाए।

जज मानव जलजीरा ज़ज्बाती जिराफ़ को जलाए।

टीटू के टमाटर टेढ़े टमटम पर टिके।

मिन्नी की मिर्ची मिर्ची मंडी में मशहूर।

काका की काली कमीज काकी के कमरे में कड़की में कसी।

रमा के रसगुल्ले रसीले, रसीले रसगुल्ले रमा के।

चचा के चरचे चचेरे चाची के चाय चौपाल पे छाए।

भोला भाला भालू भोली भालू से भागा भाग।

छब्बीस छबीली चप्पलें छिपकली ने छीनीं।

डॉली की डबल डोरी डोली में डाली डाली दुलारी।

शीला की सहेली सीता सौ सीढ़ी सफेद साड़ी सिले।

गप्पू के गपशप गोलगप्पे गोलगप्पे गली में गूंजे।

मोनू के मोतीचूर मोतीचूर मंदिर में मिले मोहन।

लल्लन के लम्बे लत्ते लहराते लहरिया लेह में।

चिरंजी की चिकनी चाबी चमेली चाची की चाट की चम्मच में चिपकी।

प्राण प्रिय पप्पू प्राणपन से पपड़ी पीसे।

कनक की कंकड़ी कानपुर के कंकड़ कारखाने में कनक।

विमला के विमल विचार विशाल वाटिका में विख्यात।

जज्जी का जर्दा जल्दी जल्दी जर्द जमीन पे जमा।

तपन की तपती तवे पर तपती तितलियाँ तपाक से तपी।

बंबू के बम बमबारी बम्बई में बम्बईया बम्बू बम।

सोनू के सोने की सीटी सुनील संग सोनारी से सुनी।

छगन के छाछ की छक्की छक्के छाछ छबीले छबीली से छानी।

निम्मी की निम्बू निराली, निम्बू ने निकाली नीर।

मिथिला के मिट्टी के मटके में मिठाई मिली मोटी।

पिंकू के पिताजी पिचकारी पे पिंकी पिचकारी पीते।

लोला के लोलक लाल लगे, लाली लिपस्टिक से लाल।

टिंकू की टोपी तिरछी तो टोपी तो टेढ़ी टिकी।

रिंकू की रिक्शा रिमझिम रिमझिम रात में रिकरिकी।

गुड्डी के गुड़ के गोले गुड्डे ने गुपचुप गुड़ गटके।

बब्बर के बबूल बबूली बगीचे में बड़ बड़ बड़के।

चक्की के चक्कर में चक्रधर चक्कर खा चक्कर में चकराए।

भव्या के भव्य भाग्य भरे भजिये भोज में भाये।

संजू के सांझे सांज सजी सीना साज संजोए।

चिंटू के चिकने चिप्स चिपचिपे चाट के चारे।

पिंकी की पिकनिक पर पिक पकौड़ी पिक पर पिने पिंक पिंच।

मिट्टू के मिट्टे मिलते मिट्टी में मिठाई मिटा मिटा।

तिनके का तिनका तिनके से तिनका तब तक तिनका।

निन्नी की निन्नी नानी ने नन्हें नन्हें नान निकाले।

बंदू के बंदर बंदूक बाँध बजाए बंदर बाजार।

चिरंजीलाल की चिकनी चादर चीर के चीर चित्रकार चित्रित किये।

जीजा जी जीजी की जींस जीनत के जीने में जीते।

बिल्लू के बाबा बिल्लोरी बाल्टी में बटेर भरके बाजार बोले।

फिरकी की फुर्सत फुर्सतीले फेर में फिर फिराई।

गुड्डू के गुलगुले गुजराती गुड़ में गुलजार।

रामू के रसगुल्ले रसीले, रामदीन रामदास रस में रमे।

टुनटुनी की टोकरी टेढ़ी टपके टपाटप टमाटर।

शीशम की शीशियाँ शिल्पा शीशे की शाल में शीतल।

मिस्त्री के मिस्टर मिस को मिठाई में मिश्री मिलाई।

चंदू के चाचा ने चंदू की चाची को चिकनी चादर चटकारे से चढ़ाई।

पंकज के पक्के पपीते पिंकी के पिंजरे पर पड़े पड़े पके।

लट्टू की लाल लालायित ललचाई लाल लगाम लगाकर लाल लकड़ी ले लाई।

मोटू के मामा की मोटी मोटर मोटरघाट पर मोटी मछली मारे।

बिंदु की बिंदिया बिल्लू के बिल्ले बूटे बिजली की बत्ती बुझाए।

कन्नू की कंघी कमरे की कुंजी के कोने में कहीं कनकैया के काँधे पे।

राजू के राजसी रंग रूपाली के रंगीन रिबन में रचे।

छोटू के छोटे छोटे छाछ के छोकरे छिपकली छाप छपाके छा गए।

दीनू का दिन दहाड़े दीपा की दीवारी दिनकर के दीदार को दादर में दीवाना।

बंबू की बंदूक बबूल के बगीचे में बंदर बाँधे बंबू बजाए।

सोनू के सोने के सिक्के सोहनी की साड़ी में सिले।

नीलू के नीले नींबू नितिन के नाना की नाव में निहारे।

मन्नू की मिट्टी के मटके में मुर्गी ने मुर्गा मारा मुख मारी।

छब्बन के छत्ते की छाया में छिपकली छत पर छा गई।

प्रीति की प्रिंटेड प्लेट पर पपीता पीला पिसा पिस्ता।

काकी के काले कुत्ते को कवि के कविताओं का काफिला कल का।

जूली के जूते जिन्हें जूलियन जून में जगमगाते जाल में जमा।

गोलू के गुलाबी गले की गलफड़ों ने गुड्डी के गुड़ की गोलियाँ गटकीं।

रिमझिम के रिमझिम बरसते रिमझिम बरसात में रिमी जिमी राह रणजीत ने राज की।

टिक्की की टिक्की में टीना ने टमाटर टिक्की टोपी पहन टिक की।

विमल की विमल वाली विस्मयकारी विशेष विधा विनोद विनम्रता से व्यवहार करे।

नन्दू के नाना ने नन्दिनी के नानी को नारंगी नमकीन नवेली नवरात्री नचाई।

मिन्नी के मिनमिनाते मिले मिश्रण में मिन्टी मीठे मिलन से मिले।

चिंकी की चिकनी चुनरी चमचे चीनू के चंदौसी चीनी चमचम चबाकर चलती चली।

पिंकू के पापा पिंकी के पापा के पास पौधे पे पानी पीने पहुंचे।

लड्डू की लाल लिपस्टिक ललिता के लंबे लॉकेट में लगी।

मोहन के मोती मोदी के मोटे मोतीचूर के मोड़ पर मोड़े।

कान्हा की कंघी काजल के काले कमरे में कब काम आई।

गीता की गुड़िया गोपाल के गुलाब जामुन गले में गली।

नीरज की नाव नीले नदी में नाना नानी के नाखूनों से नापी।

चुन्नू की चाची चित्रा चाचा के चाय के चटोरे चाट चबा चलीं।

प्रिया के पराठे प्रांजल की प्लेट पर प्रेम से परोसे गए।

ललित की लाल लालटेन लेट लेट के लाला की लैब में ले जाई।

बंटी की बंदूक बंदरिया के बंधन में बंधी बंदनवार बाँधे।

सोनू के सोये सपने सोफे पर सुनील के सुरीले साज से सजे।

रिंकी के रसगुल्ले राजू की रिक्शा में रसीले रास्ते पर रेंगे।

टिंकी की टाइट टोपी तरुण के ताऊ के ताज पर तन के टिकी।

मनीष की मिर्ची मंजुला के मिष्ठान में मिठास मिलाके मशहूर हुई।

काकी की काली कुर्ती कानपुर के कारखाने में काट कर काम आई।

जीजा जी के जीने की जगह जूजू की जेब में जलजीरा जचा।

नीतू के नींबू नितिन के नए नेकर में नाच नाच के ननिहाल की नमकीन नखरे से निकाले।

पप्पू की पतंग पिंकी की पलकों पर पपड़ी पर परी परिंदे पर पहुंची।

ममता की मटकी में मुन्ना की मुर्गी मौज में मटक मटक के मिली।

लच्छू के लच्छेदार लूंगी ललितपुर के लल्लन लौंडे लपेटे लफंगे।

संजू की सिली सलवार सोनल के संदूक में सीधी सिली सुलझी।

राधा के रंगीन रिबन राजू के रेडियो पर रात भर रिझाए।

गोपी का गोल गप्पा गोविंद के गले की गठरी में गुम हो गया।

निम्मी के नीले नाखून निमेष के नाइट सूट पर नजर आए।

दिनेश के दांतों में दरारें दालचीनी की डिबिया से दबी दबाई।

प्रकाश की पिचकारी प्रीति के प्लास्टिक के पुतले पर पिचक पिचक के पीटी।

चिन्मय की चिकनी चादर चुन्नीलाल की चाची ने चर्चा में चिपकाई।

भोला का भरतनाट्यम भाबी के भजन की भावना भरे भाग में भूला।

सीमा की सीढ़ी सुरेश के सुरक्षित साबुन से सजी सिसकी सिसकी।

कान्ता के कांच के कंगन कमलेश की कमीज के कॉलर को काट खाए।

विजय के विचित्र वेश विनीता की वेणी में विजयी विशेष विश्रांति व्यक्त करे।

लीला की लील लाल लैंप पोस्ट पर लाल लालटेन से लदी लटकी।

मोना के मोहक मोर मोहन के मोतीचूर मोड़ पर मोड़ मोड़ के मुड़े।

निक्की की नींद नीरव की नीरज की नाव में निर्बाध निकली।

ओम की ओखली में ओमा की ओढ़नी ओठों पर ओठाली ओर ओली।

प्रियंका के प्याले में प्रीतम की प्यासी पपीहा प्याला पी गई।

कमला के कमरे की कमीज कमलेश के कम्प्यूटर के कीबोर्ड को कुचले।

भानु की भांग का भड़कीला भाव भव्या के भात के भंडार में भूला।

राजेश की रसोई राखी के रंगीन रुमाल से रंगीनी रचाती रही।

सोमा के सोने की सीटी सुमित के सुंदर संदूक में सीना से सटी।

मंजुल की मजेदार मूँगफली मोहित के मोटे मुंह में मस्त मलाई मार के मिली।

चंदन की चिकनी चप्पलें चिराग के चुल्लू में चिपक कर चकनाचूर हुईं।

ललिता की लाल लिपस्टिक लक्ष्मी के लंबे लहराते लाल लालायित लोटे में लगातार लगी रही।

निधि की नदी निरंजन के नल के नीचे नाच नाच के नापती रही।

पंकज के पंखे पल्लवी के पलंग के पास पड़े पुराने पाजामे पर पड़े।

विशाल की विशेष वाणी विमला के वीणा के वाद्य वर्ग में विश्राम पाई।

मीना के मीठे मेवे मोहन की मेहनती मजदूरी में मिले मजेदार माने।

ज्योति का जर्जर जूता ज्ञानी की जीप के जंगले जैसे जरूरी जान पड़ा।

गिरीश के गिलास की गुड़िया गौरी के गाने के गुलजार गवाही गाई।

नैना के नाचते नखरे नरेंद्र के नये नक्काशीदार नगीने निखार कर नाज निकले।

भावना के भव्य भंडारे भूपेंद्र की भूखे भरे भाग में भीड़ भरी भागी।

टिंकी का टमाटर टाइट टोकरी में टेढ़े टाँगों पर टिका टहलता टिका।

छत पर छिपकली छप छप छपाके छलांग लगाए।

पतंग कटी पतंग की पतंग कटे पतंग से।

चार चरखे चले चाचा चाची के चरखे चले।

बड़ी बेरी बड़े बेर की, छोटी बेरी छोटे बेर की।

दारू के दरवाजे पे दरबान दारू पी रहा था।

छह चीजें छह ठेले पे, छह ठेले छह चौराहे पे।

कृष्ण कन्हैया का कंगन कान्हा के कंगन कृष्ण कन्हैया के।

तीन तीतर तीन बटेर तीनों तीर तले।

माला माली माल की, माली माले माल माली की।

भूरा भालू भूरी भाभी के भाई भूरे भैया।

कानपुर के काका की कलकत्ता के काकी से किचकिच।

जले जलेबी जैसे जमुना जी के जल में जलेबी।

राजू रसोइये ने रसोई में रसगुल्ले रखे रसोई में।

शिला की शाली से शाली शिला के शीले से।

चांदनी चौक में चांदनी रात में चांदी की चमचम।

तोते ने तोती को तीतर की तरह तिरछी ताका।

बबलू बंदर ने बड़े बेर की बोरी बांधी बंदरबांट में।

प्लास्टिक की प्लेट में पपीते की प्लेट।

गोरे गोल गुलाब जामुन गोलू के गले में गले।

छिपकली ने छत पर छिपकर चिप्स चबाया।

काले कुत्ते ने कल्लू कौए को कलवे के कमरे में कैद किया।

पिंकी की पिंक पेन से पिंक पेपर पर पिंक पेंटिंग।

राजा ने रानी को राजगीर राजमहल में राज़ी किया।

शीशे के शो केस में शीशे के शिल्प शानदार दिखे।

तरबूज तोरण पर तुरंत तरबूजी तैयार करता है।

बड़े बबूल के नीचे बबलू ने बबल गम बुलबुला बनाया।

मिस्त्री मजेदार ने मिश्री मिस्त्री की मौका मिस्त्री में मिर्च मिस्त्री लगाई।

गुलाबी गेंद गुल्लू के गोल गोल गुब्बारे गए।

चचा ने चाची को चंदनचौक में चांदी की चूड़ी चुनाई।

शिक्षक शिव शंकर ने शिक्षा शास्त्र की शिक्षा दी।

चाचा के चश्मे चोरी चचेरे चाची ने चुराए।

फुरसती फकीर ने फ़ोन पे फसादी फरमान फैलाया।

किशमिश के किस्से कमाल के किशोरों के कानों कान।

बंदूक की गोली बंदर के गोल गोल गालों में गोली।

पतंगे पीले पत्ते पर पतंग पकड़ने पहुंचे पंकज।

चिरंजीवी चिंटू चाचा के चटक मटक चाल चले।

शर्मा शास्त्री ने शांति से शशि की शादी शशांक से शिद्दत से शिद्दत की।

बिजली के बल्ब बलवीर बाबू ने बिना बिजली के बदले।

किरण की किताब किराये की किताबों के किनारे किरकिरी करती है।

मीना ने मीठे मेवे मेहमानों में मन से मिलाए।

लकड़ी की लंबी लाठी ललित लाल ने लापरवाही से लहराई।

गौरी गाय ने गौरव के गार्डन में गेंदे के गुलाब गमाए।

सतीश के साथ संदीप ने सात समुंदर सैर सपाटा साझा किया।

प्लास्टिक के प्लेटों पर पपीता परोस प्रीति ने प्रणव को परेशान किया।

चारु की चिकनी चादर चाची ने चाय की चम्मच से चटकाई।

बादल बिजली बरसात बिना बिजली बिना बरसात बरसे।

राजू रंगीला रसगुल्ले रेशमी रास्ते पर रोज रोलता है।

ताजा तरबूज तरुण ने तीन तक तकलीफ से तराशा।

छः शटर छः दुकानों के, छः दुकानें छः शटरों के।

गोपाल की गोपी गोविंदा के गीतों पर गोवर्धन गिरी गुमान गाती।

शालिनी शालू को शालीमार शॉल शादी में शौक से शोधती है।

प्रिया प्राची के प्रताप पुर प्रवास पर प्रसन्न प्रतीत हुई।

बंदर बबूल पर बैठ बबूल के बीज बड़े बेसब्री से बिनता है।

सीमा सिमी के सिंपल स्वेटर से सजीव संतुष्ट संसार सजाती है।

कृष्णा की क्रिकेट किट क्रिश के कमरे के कोने में क्रमशः क्रमित है।

प्रशांत की प्रशंसा प्रियंका प्राचीन प्रसंगों में प्रकाशित करती है।

विनीत विनोद की वीणा पर वीर रस की वीरता वर्णित करता है।

कम मुश्किल

खाली पेत खींची कछुआ और कच्चा चाँवल चटानियों में छुपा।

रंगीला राजा रंग मे डूबा, दूध पिया हाथ से टूटा।

चांदणी चाँद की चांदनी की चांदनी चमकावेली चांदनी को झूम के चांद से छूम ले, चंद्रमा में छाँवेली चमकावेलाई चाँद मामू।

समोसे में सिर्फ सेव डालो, सेव समोसों में सही से नालो।

नींद नहीं आती है बहुत, नींद में नहीं कर सकते संगठन।

डंडा ढूंढ़ो दुबली को, दोस्त बनो सुनहरी को।

कविता पढनी पड़ती है खिंची, कविता को ताले में ले चिंची।

चंद चमचे चुराए चांदनी के चंदनी में।

जली हूई जबली ने जब्त किया जरा।

नायक का बायका खाका के पास है।

साँप संघ में सफर करते हैं, सर्प सपाठशाला में सपना ऐलान करीं है।

कमंडो को कमियाबी की ख्वाहिश होती है, कमंडो के कंदे खराब की ख़बर होती है।

सही सर्दी सरसरी सर्दी सर्दी सर्द सर्दी समझती सर्दी, साड़ी सर्दी सर्दी सादी सर्दी सोती सर्दी समझ सर्दी।

गुड़हल की गठरी पर गर्दन घूमी, दोनों चिटकनी की ताना ने छबन छुपन छिपाई खेली।

कटाई को करो, कड़क कटान काटेपल को करने की कोशिश करो।

नग़मा कहाँ पन्ना कहाँ, दोनों मटर सर्दी का मटर काला हुआ।

तितली तेरे ताले तेरे तितली, मिठाई में तितली की मिठाई खो गई।

भड़की बंब बिल बुलंद की बंदूक भड़की, महर बंद की भागम भारी हुई।

जॉबन जबेज की जबकी जबकी, भीम की भीमू से भीमू झकी।

धावक धनी धधकता धावक धावक धक्का धावक धकता, थका धावक धावक थकता धावक धावक धन्य धान्य।

बांधक बंधक बांधक बांधक बंधक बांधक बंधक बंधक।

चँपँगी की छः छः चमच चटोरी चट्टान है, चमचों में छः छः सरसों है।

काली काली आंखों की काली काली रातों में, काले चिटकने की चीज़ का कावच कम कर तो बताओ।

ताँस पाँस करने की थाथराई और आंधी मेरी ख़ातिर घनघोर आती है।

चितवन की अंगीठी की चिंगारी चढ़ती है, चिंगारी से चाँवल का चमकीला चढ़ावा चढ़ता है।

भूतू सूत्र का सूटीर्ग गान सुनो, तीतर-तीतरम के ताले खुलो।

तीसरे तकते टीर वाले तेलग़ा मैदान मे ता तरे छहान लगाते हैं।

गोबर तक जबली गुराक की गुलाई में गुनिया ने गुमाया।

जगे जगे राम ताराजू, और जगमगाते हुए जगमोह आवीं दावी।

खबरदार की किताबी कामबलवाले के सामने खुदी को खटक न आये।

जनता को कहाँ प्रभारी होंगे, प्रभारी को तो प्रमुख होना चाहिए।

बन्दुक के बहादुरों के बाग़ी में बन्दुक भी बहादुरी से सोती है।

चंदू के चाचा ने, चंदू की चाची को, चांदनी-चौक में, चांदी की चम्मच से चटनी चटाई।

कच्चे पपीते के पक्के पेड़ पर, पक्के पपीते के पांच पत्ते पड़े।

बड़े भैया की बड़ी बीवी बाज़ार से बड़ी बिंदी लाई।

छः छोटे शेर छः छोटी चट्टानों पे छः छोटे छेद करते रहे।

समझ समझ के समझ को समझो, समझ समझाना भी एक समझ है।

गोल गोल घूमती गेंद, गली के गुंडों ने गेंद को गोल गोल गिराया।

पके पेड़ पर पका पपीता, पका पपीता पीला पपीता।

चार कच्चे चाचे, चार कच्ची चाचियाँ, चाचे चाचियों को चाचा चाची कहते।

टिकट कटा के ट्रेन में टक्कर से टकराते टकटकी लगाए टिकट कटाने वाला टकराया।

फिर से समझ से समझ समझाने की समझ, समझ से समझाई गई समझ की समझ।

बबलू के बाबा ने ब्लू बल्ब बदला, बदले बल्ब ने बबलू को बहुत बिजली बख्शी।

चटोरे चिंटू के चिक्कू चिप्स से चिपके चिकने चीकू, चखे तो चटकारे, छोड़े तो चिंता।

प्रिया की पिंक प्रिंटेड प्लेट पर पपीता पीसा, पर पपीता पूरा पीसा प्रिया की प्लेट पर पड़ा।

फुर्सत के फेर में फिरते फकीर को फाका फिर भी फासले से फायदा हुआ।

टप्पू की टोपी से शहद टपकती टपक टपक के टेबल पर टपका।

गौरव की गोल गोबर गेंद, गली के गोल गड्ढे में गुम।

शीला की शाल शीतल, शीतल शाल शीला की।

राजू की रसोई में राजमा रसीला, रसीला राजमा राजू की रसोई में।

काले कौए की काली कलम से काले कागज़ पर काला काम।

भूरे भालू ने भूरी भाभी को भरी भूतिया बरसात में भिगो के भगाया।

जल्दी जल्दी जामुन जमा कर जीजा जी जंगल जा जमाए।

सितारे से सजी सिमी की साड़ी, साड़ी से सितारे सब सिमटे।

मिली की मिल्की मिर्ची, मिली को मिल के मिचमिची।

पतले पेड़ पर पतंग पेच में पेचीदा, पतंग का पेच पतले पेड़ पर।

चिन्मय के चिकने चेहरे पर चिपचिपी चिकनी चमेली।

तीन तिल तरुण की तली पर, तली तरुण तीन तिल तोले।

बंदर बांधे बंदनवार, बंदनवार में बंदर बंधा।

छत पर चढ़े चचा चच्चा चढ़े चचेरे चचा, चचेरे चचा चच्चा चढ़े चचा।

लल्लू के लंगूर ने ललिता के लड्डू लूटे, लड्डू लूट के लंगूर लपलपाए।

गुड्डू के गुड़ के गोले, गुल्लू के गले गले गए।

पंडित प्रसाद प्रस्तुत करे प्रति प्रातः, प्रसाद प्रपंच परिपूर्ण परम प्रसन्न।

मीना के मीठे मेवे, मनोहर मोह ले मेवे।

गोपाल की गाय के गोबर से गोधूलि गोधूलि गोपाल गया।

चप्पल चुराई चंचल चोर ने, चंचल चोर की चप्पल चुराई।

सरसों के साग से सरसराती सीता, साग सरसों सीता से सरसराई।

कच्चे कचौड़े को कच्चा कौआ कचकच कचकच काटे।

चिरंजीवी चाचा की चकाचक चिकनी चिमनी, चिमनी चिरंजीवी चाचा की चाचक चिकनी।

बिना बत्ती के बल्ब में भूत बसा, भूत बिन बत्ती बल्ब में बसा।

दीपक के दीप दमके दूर दराज़, दमक दीपक के दीप दराज़ दूर।

राधा के रसगुल्ले राम के रूम में रखे, रूम राम के रसगुल्ले राधा के रखे।

तीन थके तितर तीन थके तीतर के पीछे थके, थके तितर तीन तीन थके तीतर के पीछे।

पिंकी की पिन पर पंकज पिनके, पिनक पंकज पिन पर पिंकी की।

गोलू के गोल गप्पे गुलाबी गली में गायब, गुलाबी गली गोल गप्पे गोलू के गायब।

सुनीता की सिल्की साड़ी सुमित संग सागर किनारे सरकी।

मनमोहन मोदी के मुर्गे मुंबई में मिमियाए, मुंबई मुर्गे मनमोहन मोदी के मिमियाए।

चंदू के चचिया चाचा ने चंदूलाल की चाची को चमचमाती चांदनी चौक में चेचयी चांदी की चमची के चमचे से चटनी चटाई।

किरण के किराने की दुकान के कोने की किरकिरी किरकिरी किराने की।

शशि की शीशी में शीशा शशि के शीशे में सजा, शीशे से शशि की शीशी सजी।

नितिन की नित्य नई नौकरी निराली, नई नौकरी नितिन की नित्य निराली।

प्रीति के प्रीतम ने प्रीति को प्रस्ताव प्रस्तुत प्रिय प्रसंग में प्रेम पूर्वक प्रसादित किया।

बब्बर के बबूल पर बबली बबून बैठा, बबूल पर बब्बर के बबली बैठा।

शरद की शरारती शिक्षा से सरसराती शिक्षिका शर्मिला शामली में शर्म से शराबी।

काका की काली कमीज काकी के कमरे में कायम, काकी के कमरे काली कमीज काका की कायम।

नन्हे नाना ने नानी के नाखून निखारे, नाखून निखारे नानी के नन्हे नाना ने।

फफूंदी से फुले फिरंगी फाइलों की फिकर फरहान को फिर फिरा।

बड़े बेदर्दी से बंदर ने बंदरिया के बच्चे के बिस्कुट बटोरे।

चिकने चित्रकार चिंटू ने चिकनी चित्रकला में चित्र चित्रित किया।

दद्दू के दादा ने दद्दू को दूध में दूब दूबाया।

घूमते घामड़ घोड़े ने घास में घुले घुलघुले घोल घोंटे।

हलके हकलाते हुए हरिहर हंस ने हरित हरियाली में हँसी हसोड़ हंस को हंसी से हँसाया।

जजमान जमुना के जल में जमीनी जमकर जमाये।

कक्कड़ की कक्षा में कक्कड़ कक्षा कक्ष की कक्षा कक्षाएं कक्कड़।

ललचाए ललित ने लालच में लाल लालची लालीपॉप लिया।

मच्छरों के मच्छर मच्छरदानी में मच मच मच मचाया।

नन्हें नवाब ने नाच नचाया नानी के नये नवेले नाच में।

ओटला ओढ़े ओमकार ओम ओढ़नी ओढ़े ओढ़े ओटले पर।

पपीहे ने पपीते पर पंख पसारे पर पपीता पपीहे पर पड़ा।

क्वार के क्वारंटाइन में क्विक क्विज़ क्वेरी क्वार्क क्वेश्चन।

रिमझिम रिमझिम रेन में रिंकू ने रिबन से रिंग रिझाया।

सिसकते सिद्धार्थ ने सिल्की साड़ी में सीता को सिर से सजाया।

तत्पर तपस्वी तपती तपन में तपस्या तत्परता से तपाई।

उलझे उल्लू उल्लूक पथ पर उल्लासित उल्लास में उलझाये।

विवेक विषयक विचार विमर्श में विशेष विज्ञ विज्ञापन विश्लेषण।

चंचल चाचा चिकनी चटोरी चन्दन चाची को चंदनचौक में चाटवाली चाट चांच चम्मच चटाई चटकारे।

फुर्तिली फाल्गुनी फिरकी की फरफराहट में फन्ने खान फंसे।

गौरवशाली गौतम गोवर्धन गिरि को गोल गोल घूमते गये।

भूभल भूतपूर्व भूपति भूमिपुत्र को भूल भुलैया में भटकाये।

शिक्षित शिवांगी शिवालय में शिव शंकर की शिवाराधना शिद्दत से।

मिलनसार मिथिलेश मित्रों को मिलने मिलाप चौक में मिलाये।

कृष्णकांत कृषि कार्य में कृष्णा के कृपापात्र कृष्ण की कृपा से।

तेजतर्रार तनुजा तनु संतान को तन्मयता से तालीम देती।

जलजीवन जागरूकता जनजागरण जलसंरक्षण जलदान जगाये।

विवेकशील विवेकानंद विविध विद्यालयों में विविधाभरी विद्या विस्तारे।

संस्कृति संरक्षण संगठन संस्कारित संस्कृत संवर्धन संगीत में।

धाराप्रवाह धनंजय धर्मशाला में धर्मार्थ धन धान्य दान करे।

ब्रह्मचारी ब्रजेश ब्रह्मांड भ्रमण में ब्रह्मज्ञान ब्रह्मविद्या बढ़ाये।

ललित लावण्य लालित्यमयी ललित कला लोक में लोकप्रियता लहराये।

मंगलमय मनमोहन मंदिर मंडप में मंत्रोच्चारण मंगलाचारण में मगन।

प्राणप्रिय प्रणव प्राणायाम प्रवीण प्राचीन प्राणी प्राणरक्षा प्रयोग।

योग्यतापूर्ण योगेन्द्र योगशाला में योग योग्यता योगदान योजना।

राजरानी राजकुमारी राजधानी राजमार्ग पर राजसी रथ पर राजत।

स्वाधीनता संग्राम सेनानी स्वामी स्वराज स्वप्न स्वाहा स्वजन संग।

शशांक शंख शंखनाद में शांत शशि के शोर में शामिल।

षट्कोण षड्यंत्र में षड़यंत्रकारी षड्ज गान षण्मुख संग।

सरस्वती संगीत सभा में सारस संग सरगम साधना साझा।

हर्षित हिरण हरियाली में हिंडोला हिलाते हुए हिचकिचाये।

क्षत्रिय क्षेत्रपाल क्षेत्र में क्षीर क्षेपण क्षमता क्षीण करे।

त्रिपुरारि त्रिपथगा तीर पर त्रिफला तिरंगा ताने तरंगित।

ज्ञानी ज्ञानेश्वर ज्ञाता ज्ञान ज्ञापन में ज्ञान ज्ञानार्जन।

चक्रवर्ती चक्र चलाते चक्रधर चक्रवात में चकित चक्राकार।

भ्रमर भ्रामक भ्रमण में भ्रांति भ्रष्टाचार भ्रष्ट भ्रमित करे।

अष्टभुजा आश्रम में अष्टावक्र अष्टांग योग आसन अष्टपथ।

ऋषि ऋतुराज ऋतुमती ऋणात्मक ऋण ऋद्धि सिद्धि ऋष्टि पूर्ण।

लृत्य लृष्टि लृहत लावण्य लृतिका लृढ़ लृष्ट संलृष्ट संवाद।

व्यंजन व्यापारी व्यथित व्यसन व्याकरण व्याज से व्यक्त व्यावसायिक।

श्रीखंड श्रेणीबद्ध श्रावण श्रेष्ठ श्राद्ध श्रीविद्या श्रीमान श्रद्धेय।

ध्वनि ध्वज ध्वंस ध्वनित ध्वनिमय ध्वंसावशेष ध्वन्यात्मक ध्वान्त।

प्लवंग प्लावित प्लाश प्लवन प्लवग प्लानेट प्लास्टिक प्लानेशन।

यज्ञ यज्ञोपवीत यज्ञशाला यजमान यज्ञ याग याजक यज्ञार्थ।

राजराजेश्वरी राजत राजमहल राज्य राजकार्य राजसूय राजसिंहासन।

लक्ष्मीलाभ लक्षणग्राम लक्षित लक्ष्य लाभांश लक्ष्मीवान लक्षयित।

कक्षा के कुशल कुमार कठिन कसरत कक्ष में करते कमाल।

ललितपुर के ललित लाल लंबी लाल लाट से लगातार लपेटे लाल लिफाफे।

मनमोहन मोह में मोहित मन मोर मोहक मोड़ पर मोर नाचे।

नन्हें निखिल ने नखलिस्तान में नटखट नाच नचाया नवेली नयना।

ओजस्वी ओमकार ओडिशा के ओद्योगिक ओजस्विता ओजपूर्ण ओजस्वलता।

प्रिय प्रतीक प्रतिपल प्रेरणा प्राप्त प्रणय प्रसंग प्रस्तुत प्रस्तावना।

क्वारंटीन क्विज़ क्वेरी क्विकली क्वालिफाई क्वांटम क्वेस्ट क्वेरी।

रश्मि रंगीन रिबन राजस्थानी रेशमी राजघराने की राजकुमारी।

सशक्त संजीवनी संजोये संज्ञान संस्कृति संस्कार संसाधन संस्थान।

तकनीकी तत्परता तन्मय तापमान तालिका तारीख तारांकित तालुका।

उद्यमी उमेश उल्लासित उपनगरी उत्सव उत्साहित उपस्थिति उत्कर्ष।

विवेक विशेष विषय विश्वविद्यालय विद्यार्थी विश्वास विविधता।

शांति शिखर शिविर शिक्षा शिक्षक शिक्षण शिष्टाचार शिरोमणि।

भावुक भाग्यशाली भविष्यवाणी भाषा भाषण भव्य भावभूमि भागीरथी।

महत्वाकांक्षी महाविद्यालय महिमा महोत्सव महाराष्ट्र महासंग्राम।

योजनाबद्ध योग्यता योजक यौवन यात्रा यातायात युक्तियुक्तकरण।

लोकप्रिय लोकसभा लोकतंत्र लोकनायक लोकाचार लोकगीत लोकधर्मी।

व्यापारिक व्याख्यान व्यावसायिक व्यस्तता व्यापक व्यावहारिकता।

सम्मोहक संगीत समारोह समाज सेवा सम्मान संगत समर्पण समर्थन।

चांदनी चकोर चित चिरंतन चित्रण, चंचल चितवन में चित्रांगदा चिरायु।

दिव्य दृश्य दर्शन, दीप्त दीपक द्वार, दर्पण में दामिनी दमक दमकाय।

भ्रमर भूल भुलैया भ्रांति, भव्य भाव भरे भजन भव बंधन भंग करे।

मन्मथ मंदिर में मधुर मिलन, मोहक मुद्रा में मनोहर मृदंग बजे।

लवण्य लहरी ललित लावण्यमय, लोक ललाम लालसा लव लिप्ताय।

सृजन संगीत स्वर संध्या, स्वप्निल संसार में स्वर्णिम स्वप्न सजाय।

प्रकृति प्रेम पथिक, परिमल पुष्प परिचय, पवन प्रवाहित प्रेम पत्र पहुँचाय।

काव्य कंठ कलाप, कुंज कुसुम कल्पना, कान्तार कुहर में कोमल कामनाय।

गंधर्व गायन गूँजित गाथा, गरिमामय गगन में गौरव गीत गाय।

विरह वेदना विश्वास विजयी, विविध वर्णन में विलक्षण विरासत व्याय।

मुश्किल

बिट्टू के बुरे बिस्कुट बिके बाज़ार में, बिना बिल के बनारस में बईमान बातें बनाई।

ढलती धूप में ढेरों ढोल ढोले, ढेर सारे ढीले ढाले ढोल वाले।

कच्चा पापड़, पक्का पापड़। पापड़ पक्का, पापड़ कच्चा।

दादा का दीवाना दीपू दिन में दीवार देखे, देर सवेरे देश में दुनियाभर की दीवानगी दिखाए।

रिंकू की रईस रसोई के रसगुल्ले रसीले, राजौरी रोड का राजू रसदार रसमलाई रिंगीले रस से रंगे।

राम ने राम से कहा, राम के राम में राम है। राम नाम ही काम है, काम ही राम नाम है। दान है राम के नाम, राम नाम में है दान।

चिंटू के चटकीले चिप्स चबा के चाचा चाची को चिढ़ाए, चांदनी चौक के चिक पर चहचहाते हुए चिल्लाए।

पीपल के पेड़ के पीछे पपीते का पेड़, पके पपीते के पेड़ पर पका पपीता, परिक्षित पावे पपीते के पेड़ का पीला पर पका पपीता।

गोलू के गोल गप्पे गुलगुले गुलाबी गपके गए, गनीमत से गोखले के गाँव में गुणगुणाए गए।

मनमोहन के मिर्च मसाले मेहनाज मेहमान के मिलने के मौके पर मेले में मचाई महफिल।

किरण के किनारे की किटकिट करती किचकिच किशन की किटी में किटकिटाई।

निर्मला के नीले नक्काशीदार नकली नक्शे नमन के नाचते नक्षत्र ने निहारे।

प्रताप के प्रतिबिंबित प्रवाह प्रियंका के पराग प्राणप्रिय प्रस्तुति प्रसंग में प्रस्तुत किए।

लक्ष्मी की लाल लता ललित के लंबे लॉन में लहराते लहलहाते लहराई।

चंचल की चिकनी चुपड़ी चापलूसी चंद्रकांत की चतुराई से चकित चित्रित की।

बिंदु की बिंदी बिजली की बिल्ली के बिस्तर पर बिना बिलंब के बिछाई गई।

रघु के रगड़ते राजोरी रोटी राघव रफ़्तार की रसोई में रसीली राजमा के राज में रखी।

सुनीता की सुनहरी साड़ी सुमन के सुगंधित सुमुख पर सुंदरता से सजी।

गोविंद के गोबर के गोले गौरव की गली में गड्ढे में गर्मी में गढ़े।

फाल्गुनी के फल फाख्ता की फरफराती फुदकन में फिसल कर फार्म हाउस फले।

विजया की विजयी विरासत विनोद के विशाल वाटिका में विचित्र विचलित विलासिता उल्लास से व्याख्यान करे।

काव्या की काली कुर्ती कमल के कुएँ के किनारे कुशल से कढ़ाई की गई।

मुकेश के मुर्गे मुन्नी की मिर्ची के मैदान में मुंह मार मार के मशहूर हुए।

तन्वी के ताँता तने हुए तार तबलची तरुण के तारांकित पिछले तम्बू में तिरछे ताने गए।

पारुल के पापड़ पंकज के पंचायती पुल पर पड़े पड़े पक गए।

छवि की छविली छाया छब्बीले छिद्रों में छिपकर छत पर छा गई।

विकास की विचित्र वीणा विमल के विमान में विद्युत विरोधी विधान से वाड़ी विस्मित हुई।

रोहित की रोहिणी रथ पर रचित रामचंद्र के राग राजसी रंग रचे।

लीला की लंबी लाठी ललित की लाइब्रेरी के लोहे के लॉकर में लगातार लगी रही।

मोहित के मोटे मोजे मोनिका के मोबाइल के मैसेज में मिले मोती जैसे मचले।

निकिता की निकर निमेष के नीले नेवले की नजर में नचके नाची।

पूजा के पुजारी परविन्दर पुनीत के पुस्तकालय में पुरानी पुस्तकों पर पुनर्पाठ पुरोहित करे।

शिवानी की शिक्षित शिमला शिल्प में शेखर की शिखा शिवालय में शीर्ष पर शिरकत की।

गगन की गागर में गणेश के गणित के गवाह गुड्डू के गुलाब जामुन गायब हो गए।

बृजेश की ब्रज भाषा बृंदा के बरामदे में बर्फ की बर्फी बना कर बर्बाद हो गई।

रिंकी की रिक्त रसोई राजेश की रजत रेशमी रूमाल से रंगीन रही।

शोभा के शोधपत्र शौर्य की शाला में शीशम के शेल्फ पर शोभायमान हुए।

कनिका के कन्फेडरेट कबूतर किशन की कमीज़ की कफ़ में कब के कैद हुए।

जया की जलेबी जीतेन्द्र के जेब में जल्दी जल्दी जम कर जल गई।

मिताली के मिट्टी के मटके मनोहर की मचान पर मच मच के मचले।

हरीश के हरे हरी मिर्ची हरिणी की हंसी में हंस हंस के हलक में हलचल मची।

उमा के उल्लू उदय के उपवन में उष्ण उदासीनता से उलझ कर उड़ गए।

पलक की पलकों पर प्रियम के पल्लू का पराग प्रस्फुटित परिमल पसारा।

वसुधा की विशाल विस्फोटक वाली वेणु विकास की विध्वंसक वारदात व्यक्त करे।

चंद्रा के चर्चित चटक मटक चटनी चतुर्थी के चौके में चाची के चाटुकार चबा गए।

कृष्णा के कृष्ण कमल किशोर के कुँए के किनारे किलकिला कर कुलाचें भरे।

माधवी की मादक मधुर माला मोहक माया की महफ़िल में मोहित कर मंगल मचाई।

ललित के लंबे लॉन्च पर लीना के लावण्यमयी लहंगे लहलहा लहलहा कर लुभाए।

निधि के निधन पर निमिष के नीले निकर निपट निर्मोही निकले निश्चिंत निर्विवाद।

पार्थ के पानी पूरी पर प्रीति के प्रिय पकवान पंडित के पटाखे पर पड़े प्रमुख प्रस्तुत किए।

राहुल की रंगीन रिक्शा रेखा के रेस्तरां में रसगुल्ले की रस्म रचाकर राज करे।

सुनीति के सुरीले साज पर संगीता के संगीत संग्रह की सरगम सुहानी सुनाई दी।

मिलन के मिलनसार मिलाप में मीरा के मिर्ची मसाले मिश्रण में मचल मचल के मिले।

वंदना के विविध विशेष व्यंजन विनोद के विलक्षण वार्षिक वाद-विवाद में वाहवाही लूटे।

चारु के चारणी चापलूसी चंदन के चाचा की चाची के चाटुकारिता में चालाकी दिखाई।

प्रणव के प्रणालीगत प्रक्रिया प्रतिभा के प्राचीन प्रस्ताव पर प्रत्याशित प्रहार किए।

लक्ष्मी की लाख लड्डुओं की लड़ाई ललित के लावारिस लालच में लाभदायक लगी।

भास्कर के भांगड़ा भावनात्मक भंगिमा भूमिका के भूलभुलैया में भीड़ भाड़ भरे भजे।

राजन की राजसी रियासत रश्मि के रसायन रहस्य के राजखोल में राजमुकुट रहस्यमय रहे।

संजना के सांझ सवेरे संजीव के साथ संगीत संध्या संस्कृति समारोह में संयोजित समझी गई।

मधु की मध्याह्न में मधुर मधुमक्खी की मधुशाला में मधुसूदन की मधुमेह मध्यमता मची।

नितिन की नाविक नौका निर्मला के नीले निशान निकट नौड़ी नगर में नाच नाच कर नौकायन किया।

भव्या के भावपूर्ण भजन भूपेंद्र के भोजपुरी भाषण के भान में भूले नहीं भटके।

कविता के कमरे की कच्ची काली कलम कृष्ण की कसौटी के कसीदे कस कर काटे।

योगेश के योग्य योजनाएँ यामिनी के याराना यात्रा में यकीनन योगदान योजित करे।

विशाल की विलक्षण विद्या वैभव के विस्तारित व्याख्यान में विमर्श विवेचना विचारित वर्णित हुई।

उमेश की उमंगती उड़ान उर्वशी के उल्लासित उत्सव में उपयुक्त उत्कृष्टता उजागर की।

मंजीत के मंजूर मंत्र मधुरिमा के मंडप में मंगल मयूर मण्डित मंचित मुद्रा में मिले।

गौरव के गौरान्वित गौशाला गौतमी के गोरखधंधे में गोलमाल गोवर्धन गुणगान गाया।

रंजना की रसीली रसभरी राजेंद्र के राजसी रंगमहल में रचनात्मक रूप से रसपान करी।

संजीव की सांझ सवेरे सपना संग संजोए सारंगी संगीत समर्पित सजीव सजावट से।

प्रतिभा के प्रतिष्ठित प्रसाद प्रमोद की प्रत्यक्ष प्रतिज्ञा पर प्रकाश प्राप्त प्रासंगिकता प्रस्तुत की।

भरत की भरतनाट्यम भावना के भाग्यशाली भांगड़ा भरे भजन भक्ति में भव्य भाव भरी।

कामिनी की कामचलाऊ कमीज कपिल के कर्मकांडी कपास की कड़ाई में कसके कसी।

उदित की उल्लेखनीय उपलब्धियाँ उमा के उत्कृष्ट उत्साह में उज्ज्वल उपहार उत्तरदायी उठाईं।

शालिनी की शानदार शामियाना शैलेंद्र की शालीन शाला में शर्मीली शाहजहाँ शान से शामिल हुई।

निखिल की निखरती नवेली नीरजा के नैनीताल नवाह में नटखट नादानियों के नाच नचाए।

विनोद की विनोदिनी वेदिका विवेक की विश्वासपूर्ण विदाई में विशेष वीरता विख्यात वर्जित की।

मिनाक्षी के मीठे मिष्टान्न मुकेश के मुख्य मंच पर मनमोहक मुद्रा में मुस्कुराए।

लतिका की लाल लिपस्टिक लक्ष्मण की लंबी लिमोज़िन में लगातार लुभावनी लगी।

किशोर की किताबी कीड़ा किस्से किताबों की किनारे किनारे कहे।

मनोज के मोती मंदिर में मधुर मिलन में, मित्र मंडली में मस्ती मचाए।

नितिन की नाव नदी नाले नापते निरंतर, नवीन नज़ारे नज़दीक लाए।

प्रिया की प्याली पूरी परिपूर्ण प्रेम प्रेरित पुराण, प्रियतम पतंजल प्रज्वल प्रसंग प्रसारित पाए।

राजेश के रजाई रंग रूप रसिक राजा रजत, राजधानी रस्ता राज करे।

सुशील की सुंदर सुशिला साथ सपनों के सहर, संग संग सारंगी सुनाए।

तरुण के ताल तलैया तीर तुरंत तालाब, तालियाँ तरंगित तराने ताए।

उमेश के उल्लू उल्लासित उद्यान में उमंग, उड़ान उच्च उत्सव उजागर करे।

विजय के विज्ञान विषयक विचार विस्तृत, विद्यार्थी विद्वता वर्धन विस्मयकारी।

योगेश के योग यात्रा यमुना यात्री, युगल योगिनी योगासन याद करे।

श्याम की श्यामला शालीनता से शहर की शाम, शिखर शिखा शीतल शांति शरण पाए।

गोपाल के गोबर गोले गाँव के गलियों में गुरुजी गाने गाए।

छोटू के चाचा ने चीनी की चाय चुपचाप छपाछप चबूतरे पर चुस्की चीनी से छीनी।

दिनेश की दुकान पर दर्जी ने दस दिन में दर्जन दरवाजे दिखाए।

पूजा के पापड़ पिताजी पर परसों पकड़े पर पके न पूरे पापड़।

राहुल के राज़ रातोंरात राजकुमारी ने रंगीन रेशमी रुमाल से रखे।

लव के लड्डू ललित ने लगातार लगे हाथ लवानिया से ले लजीज लपालप लपके।

मीना की मिमियाती मेमने मिल में मीठी मिठाई में मिले।

नीरज के नाखून नर्मदा के नीर में नाविक ने निखारे।

वरुण की वायुयान विद्यालय वाले वाटिका में विचित्र विहंगम व्यूह रचे।

सीमा की सीटी से सभी साथी संगीत सभा में सिहरे।

उज्ज्वल का उपयोग उलझे उल्लू को उम्मीद का उजाला उधार दे।

भारती के भालू भीमसेन भोजन भवन में भव्य भोज भूले।

कृष्णा की कृषि कक्षा के कृत्रिम क्रियाकलाप कृपया क्रमबद्ध करें।

ज्योति की ज्योत जलाकर जगमग जगत जननी जगदीश्वर जपे।

अखिल के अखबार अक्षरशः अक्षय अक्षरों की अकूत अभिलाषा अपनाए।

फाल्गुनी के फूलों फैली फिजां फरफराती फनफनाती फाइलें फेंके।

घनश्याम के घर घर घुमावदार घाटियों में घूमते घने घनघोर घटाएं।

तन्मय की तनुकी ताल पर तरुणाई के ताल तलैया तरंगित तराने ताले।

योगिता के योग यात्रा में योग्य याकूबानी यामिनी ने योग्यता से योगाभ्यास याद किया।

शैलेश के शौकीन शेर शाम के शिकार पर शहर के शिवालय शरणागत शिकारी।

अमित के अमरूद अम्बर से अधिक अमृततुल्य अनुभव अंकित अजूबे।

विशाल के विशेष विवेक विज्ञान विद्यालय वर्ग में विस्मयकारी विजयी।

संजीव की संजीदा संगीत सभा सजीव संवाद संप्रेषण सार्थक संकेत समझे।

राकेश के रसीले राजमा रसोईघर में राजसी रुचि के राहत रसायन रचे।

ललिता के लावण्यमयी लहरिया लहंगे ललाट पर लालिमा लिए लाख लावण्य लाए।

मनमोहन के मनमोहक मनोरंजन मंच पर मंत्रमुग्ध मनीषा मन में मिले।

किरण के किरदार किताबों की किस्मत किनारे किसी किश्ती की कहानी कहे।

निर्मल की निराली नीम निवासी नीलकंठ ने निपुणता से निभाई निष्ठा।

ओम के ओजस्वी ओजस्विता ओडिशा के ओडियों में ओंकार ओमकार ओज पाए।

प्रणव के प्राणवायु प्राचीन प्रस्ताव प्राण प्रिय प्राग प्रयाग प्रस्थान प्रचलित।

भव्या की भव्य भावभीनी भाषण भूमिका भीड़ में भावुक भाव भरे।

चेतन के चित्र चित्रकारी चित्रण चित्रित चिराग चिंतन चिंतामुक्त चित्त चमके।

दिव्या की दिव्य दिवाली दीप दान दरबार दृष्टि दानव दूर दफनाए।

एकलव्य की एकाग्रता एकांत एकल एकाधिकार एकता एकमात्र एकवचन एहसास एजेंडा।

फलक के फूलों फिर फलने फागुन में, फिर फिराक फैलाये फिजाओं में।

गौरव के गाँव गोरी गौरैया गीत गुनगुना गगन गूंजे गहराई में।

हितेश की हिंडोला हिलोरें हिमालय हिमगिरि हिम्मत हिस्सा हिसाब हिलाए।

ज्योतिर्मय ज्योति जला ज्योतिष ज्ञान ज्यों ज्यों ज्वाला ज्वार जगाए।

कविता की कश्ती कसक कसौटी कस्तूरी कसमसाती कस्बों कसीदे कहे।

ललित के लावण्य लोकगीत लोरी लुभावनी लहरियाँ लौकिक लीला लाए।

मनोहर मंदिर में मन्त्र मुग्ध मन मोहक मंजिरा मंजूषा मंजुल मोद मनाए।

निर्मला ने निर्णय निष्काम निष्ठा नित्य निर्वाण निमंत्रण निम्नलिखित निभाए।

ओंकार ओजस्वी ओषधि ओडिशा ओद्योगिक ओर ओरछा ओगणित ओज पाए।

प्रभात प्रभाव प्रदीप्त प्रदर्शन प्रवाह प्रस्ताव प्राचीन प्राण प्राग प्रतिष्ठा।

किरण किरकिरी किरायेदार किराना किसान किस्मत किश्ती किशमिश किंवदंती कहे।

विवेक विविध विवरण विश्वविद्यालय विषय विचारवान विज्ञापन विज्ञान विशेषज्ञ वर्णित।

बंटी बब्बर के बगीचे में बहुत बड़े बेर बढ़े बिना बाधा बरसात में।

चिंटू चित्रकार चाचा चित्रकूट में चाट चबाकर चिकनी चंदौसी चटोरी चमेली से चंचल चितवन चालाकी से चुराए।

टिंकू टेलर टोपी टांकते टाइम टहलता टमाटर टोकरी टाले टहनी पर।

डॉली डांस डालते दिखी डाकू डिनर डेट पर डाल डांडिया ड्रामा डोले।

फन्नी फार्म हाउस में फल फूल फैलाकर फुर्तीले फाहे फेंक फांदे फिरे।

गोपाल गाँव के गोरे गुलाब गली में गुजरते गगनचुंबी गुब्बारे गिनते गए।

हंसी हलवाई हसीना हरी हल्की हवेली हँसते हुए हलके हरे हरफनमौला हरकतें हासिल करें।

जलजला जोर से जमीन जब जूझा जरा जर्जर जहाज़ जलधारा में जड़ा।

कमल कानन कुंज में कलरव करते कौवे किलकारियाँ किसान काम करे।

ललित लौटे लंबे लोकगीत लिखते लाल लिबास में लाजवाब लहजे लहराए।

मीना मिली महल में मंद मुस्कान में मिठास मिलाकर मित्रता मजबूत करे।

नितिन ने नव नीले नगर में नृत्य निभाते नवीन निर्णय निपुणता निखारे।

प्रिय प्रकाश पुल पर पवित्र पानी पीते प्रणय प्रस्ताव प्रेम पुष्प पेश किया।

क्वार के क्वार्टर में क्विज़ क्वालिटी क्वेश्चन क्विकली क्वेरी क्लियर किए।

राहुल रोज़ रात रिहर्सल रूम में रंगरूप रमणीय राग रचाते रहे रचनात्मकता रेखांकित की।

सोनू सरस सोनेरी संध्या समय सुंदर सरोवर साथ सपने सजोए सहज स्वीकारे।

तनु तालाब तीर तरबूज तोड़ते तुरंत तुलसी तुफान तरंग तनाव तालमेल तय करे।

उमा उत्सव में उल्लासित उद्यान उपवन में उमंग उजाला उपहार उद्‌घाटित करें।

विकास वाली विजय विहार वाटिका में विविध वर्णी विशेष वनस्पति विलोके विस्मित।

यश योजना यात्रा यमुना यकीनन योग्य युवा युवती युक्तियाँ योगदान यादगार याचना।

भावना भरी भोर भीमकाय भवन भूल भुलैया भीड़ भरमार भव्यता भाग्य भाषण।

छवि छाया छत पर छिपते छोटे छात्र छुपा छाला छविरहित छंद छड़ी छापे।

शक्ति शाली शिखर शैल श्रेणी शांत शीतल शोर श्रवण शुभ शकुन शास्त्रीय शिक्षा।

कुमुद कुमकुम कुंडली कुर्सी कुतूहल कुशल कुहासा कुञ्ज कुलांचें कुछ कुछ कुशलता।

गगन गजब का गर्जन गूंजा, गहरी गलियों में गुमसुम गिलहरी गाने गाए।

मिलन में मधुर मिश्रण मोहक मंत्र मुग्ध मन मोर मित्र मिलाप में मगन।

निर्मल नीर निम्नगामी नदी निकट निवास नयनाभिराम निखिल निराली नज़र आए।

प्रीति प्रतीक्षा प्रस्ताव प्रेम परिपूर्ण प्रतिपल प्रणय प्रकाश पुनः प्रसारित करे।

किरण कभी कम कठिनाई को काटे, कृष्ण कमल के करीब कुहासा कम करे।

लता लगन लम्बी लोकप्रिय लहरिया लहर लयबद्ध लावण्यपूर्ण लालित्य लाए लाभ।

विवेक विस्मयकारी विजयी विधान विश्वव्यापी विरासत विस्तार विशेष वीरता।

संदीप संगीत संध्या स्थिर स्वप्निल स्वर्ग समान सुखद संवाद संजोए साथ।

उत्सुक उपवन उल्लास उद्यान उत्कृष्ट उपहार उचित उद्धार उत्थान उमंग उजागर।

छाया चित्र छवि छंद छिड़काव छत्तीस छलांग छाप छलकते छालांकित छतरी।

भावुक भ्रमण भूमिका भव्य भाषा भिन्न भीमकाय भूषण भाग्यशाली भविष्यवाणी।

राजीव रंगीन राजहंस रिमझिम रसदार रत्नाकर राजसी रास रचायिता रसिक।

योगेश योजना यात्रा यज्ञ योग्यता यक्षप्रश्न यादवेंदु यानी युवा युगांतर।

शांति शील शौर्य शक्ति श्रेष्ठता शलजल शिखर शिविर शीर्ष पर शिक्षा शिक्षित शिष्य शामिल।

कृतिका क्रीड़ा कक्षा के कौतुक क्रम में कनक कमल किनारे कौशल किया करती।

गीता गायन गृह में गुंजित गोपी गीत गुलाबी गुलमोहर गली में गूँजे गया।

हर्ष हलचल हरियाली हस्ताक्षर हरिण हाथी हस्तिनापुर हेतु हाजिर होकर हंसे।

जीवन ज्योति जलाकर जिज्ञासा जगाए ज्ञान जीर्णोद्धार जागृति जन्मजात जनपद जागरण।

तन्मय तत्पर तालाब तीर तरंगित तनु तरुणाई तत्काल ताना तान तालमेल।

दीप्ति दर्पण देख दर्शनीय दृश्य दिव्य द्रव्य दानवीर दुर्लभ दौलत दरबार।

निधि निर्मल नीरव निर्जन निवास में नित्य निपुण नैपुण्य निर्विवाद निष्पादित करे।

विश्वास विपुल विविध विश्व विरासत विचित्र विज्ञान विजय विधि विस्तार विश्लेषण।

अनुराग अनुशासन अनुकरणीय अनुभव अनुग्रह अनुपम अनुसंधान अनुवाद अनुकूल अनुयायी।

पल्लव प्राची प्रवास प्रसन्नता प्राण प्रिय प्रकाश प्राकृतिक प्रवाह पुनर्प्राप्ति प्रेरणा।

संगीत संध्या समारोह में सुरीले स्वर सहज संवेदनशील सुमन सुशोभित सुंदर समय साझा।

मयंक मधुर मिलन महोत्सव में मंत्रमुग्ध मन मोहक मुस्कान मित्रों मध्य मनोहारी माहौल मनाए।

कनक किरणों का कारवां कुंजों के करीब कोमल कलियों को किरणों का कोमल कवच कायम करे।

चंद्र चाँदनी चित्रकारी चमकीली चौखट पर चित्ताकर्षक चर्चा चेहरे पर चिरपरिचित चिंतन चिह्नित।

बालक बंदर बजाए बाँसुरी बगिया में बहार बरसाए बहुरंगी बकुल बहुतायत में बहलाए।

लव लताओं के लिपटे लम्बे लक्ष्मण लक्ष्य लगातार लोकप्रिय लाभकारी लहजे में लालित्यपूर्ण।

गौरवशाली गरिमामय गतिविधियाँ गंभीर गणितीय गणना गान गर्जना गहन गुणवत्ता गर्वित गार्ड।

श्रेया शालिनी शामिल शिखर सम्मेलन में शानदार श्रद्धांजलि शक्ति श्रेष्ठता श्रृंगार शांति शोधन।

निश्चित नियमित निपुण नैतिकता निर्णय निर्भीक निर्माण निर्देश निष्पादन निराला निवेश निकटता।

प्रेरणादायक प्रदर्शन प्रतिभाशाली प्रतियोगियों प्रस्तुति प्राकृतिक प्रतिष्ठित प्रबंधन प्रशिक्षण प्रसार प्रदान करे।

विवेचनात्मक विश्लेषण विशेषज्ञों विचारविमर्श विश्वविद्यालय विद्यार्थी विज्ञान विद्वान विनिमय विश्वासपूर्ण विचार-विमर्श।

हरित हर्षित हर्ष हास्य हासिल होता है, हिरण हिमालय हिम्मत हिस्सेदारी हितकारी है।

जज्बाती जिज्ञासु जन जागरूक जागृति जानकारी जामवंत जिंदगी जीवन जीविका जोड़े।

कुशल कारीगर काव्य कलाकृति कल्पना कलाप्रेमी कामना कृतज्ञता कायाकल्प कृति करे।

उद्यमी उपक्रम उद्देश्य उत्साह उच्चारण उत्तरदायी उत्कर्ष उपयोगी उल्लेखनीय उन्नति उद्धार।

मनमोहक मुस्कान में मिलनसारी मन्त्र मोहित मानवता मुख्य मंत्री महत्वपूर्ण मिशन में मिलाए।

योग्य युवाओं यात्रा यज्ञ योगदान यादगार युक्तियों योजना यथार्थ युग यातायात युद्ध।

व्यापक व्याख्यान व्यावसायिक व्यक्तित्व व्यापार व्यस्तता व्यंजना व्यूह व्यक्तिगत व्यवहार व्यापारिक विचार।

संवेदनशील संकल्प सामाजिक सामंजस्य संग्रह सामर्थ्य संगीत साधना संस्कृति संरक्षण संवर्धन सारांश।

भाषाई भूमिका भव्य भूलभुलैया भावभीनी भावुक भक्ति भाग्य भरोसा भागीदारी भविष्य भवन।

अन्वेषण अतुलनीय अनुभव अद्वितीय अनुग्रह अनुसंधान अनुकूलन अनुपम अनुशासन अनुरूप अनुसरण।

लाभकारी लोकप्रियता लक्ष्यांकित लेखन लोकाचार लिपिबद्ध लोकतंत्र लयबद्ध लघुक

बंदर बबलू बना बैंडमास्टर, बजाए बांसुरी बिना बीट, बड़े बेसुरे बजते बजाना।

चिंटू चुना चमचमाती चीनी चूरी, चिपके चिकने चमच से, चिक्की चटकारे चबाना।

टिटू तोता टहनी पर टिकटिकी टांगे, टिमटिम टार्च तले टमाटर तलाशे, ट्रिक से टमटमाना।

दीपू डाकू दिनदहाड़े डिब्बा ढूंढे, ड्रामा देख डिंग दो, डबल डोज़ दर्द दुहाना।

फन्नी फकीरा फिरे फेरी लगाए, फूलों की फिरकी फेंक, फर्श पर फिसलन फैलाना।

गोलू गधा गुड़ गोली गले गलाए, गर्मी में गुलाबी गुल्लक गिरा, गड़बड़ गुलजार गाना।

हंसा हंसिनी हंस हंसकर हिचकोले, हल्दी हवेली हिलाए, हलचल हुल्लड़ हर्षाना।

जज्बाती जिराफ ज़मीन जोत जाए, जंगल जीप जल्दी जगाए, जलबीन जलपान जमाना।

किकी कछुआ करतब कर कमाल, कबूतर के कूद कुछ कम, किरकिरी किस्मत काम आना।

लल्लू लंगूर लाल लालटेन लेकर, लुढ़कता लूडो लगाए, लुकाछिपी लम्बी लीला लाना।

मीना मछली मच्छर मार मंच पर, मिलकर मस्ती में मचल, मंत्र मुग्ध महफिल में मचाना।

नन्हे नारद ने नटखट नाच नचाया, नर्म नींद में नापाक नखरे, नक्काशी नजारा नचाना।

ओमी ओटर ओलंपिक ओढ़नी ओढ़े, ओझल ओजस्वी ओक तले, ओवरटाइम ओजल ओरछाना।

पप्पू पपीहा पेच पर पंख फैलाए, पानी पुराने पिपे पर, पुष्प पत्र पंचायत पढ़ाना।

क्वार क्वाक क्विज़ क्वार्टर क्विकली, क्वालिटी क्वेश्चन क्वोरम, क्विंटल क्वाल क्वेंच कराना।

राजू रिक्शा रेस रगड़ रजाई रोज, रंगीले रसगुल्ले रस्ते, रिमझिम रौनक रचाना।

सोनू साइकिल सर्कस साथ संगीत, सुनहरे सपने सरिसृप, संकेत सरल सिखाना।

तुलसी तुतलाती तोतली तहनी पर, तरकश तीर तमाशा, ताना तमाचा तराना।

उल्लू उड़ान उलझन उत्सव उठाए, उम्मीद उदार उपकार, उल्टी उकसावे उल्लासना।

विमल विमान वृत्तांत वर्णन विशाल, विकट विश्व विज्ञापन, विविध वर्ग विश्राम वर्जना।

यशोदा याचना युक्ति योजना योग्य, यायावर यात्री यमुना, यक्ष प्रश्न यथार्थ यत्नाना।

भीम भूखे भालू भजिए भोजन भूल, भव्य भीड़ भंगड़ा भूल, भिन्न भाव भरमाना।

छोटू छिपकली छत पर छलांग छबीली, छाया छवि छंद छिड़काव, छज्जे छप्पर छलकाना।

शीला शिकारी शेरनी शिक्षा शिविर, शांति शोर शेखी शून्य, शक्ति शोधन श्रम साधना।

किरण की कठपुतली कार्यशाला कक्ष, कुशल कलाकार कौशल, कमाल करतब कलाबाज़ी कराना।

ललित लालटेन लेकर लुढ़कता लोकगीत, लयबद्ध लम्बी लालसा, लिपटी लावण्य लुभाना।

मीरा मयूर मन्दिर में मंगल मूर्ति, मुखरित मधुर मेलोडी, मंत्रमुग्ध मध्याह्न मिलाना।

नीरज ने नौकायन निर्देश निभाया, नक्काशी नाव नृत्य, नज़राना नैसर्गिक नवाना।

ओमकार ओवरकोट ओढ़े ओसारा ओर, ओजस्वित ओज़ोन ओजल, ओखली ओमनी ओल्टा पाना।

प्रीतम पियानो प्रवाहित प्रेम प्रकाशन, पुलकित पुराण पुस्तक, पुरस्कार प्रतीक्षा प्राप्ताना।

क्वांटम क्वेरी क्विक क्वार्क्स क्विज़, क्वालिफाई क्वांटा क्वालिटी, क्वारंटीन क्वान्टम क्वाचना।

राजा राजकुमारी राजसी रथ रविवार, रंगबिरंगी राहत रस्म, रसिक रत्नाकर रचनात्मक रचना।

संजीव संजीदा संज्ञान सजीव संजोया, संघर्ष संग्राम संगीत, संगति संगठन संज्ञापन सार्थक साधना।

तुलिका तुषार तूफान तोरण तिरंगा, तिलक तिथि तिरछी तिजोरी, तीव्र तीर्थ तिराहा तिमिराना।

उमा उल्लू के उपर उछल उड़ान, उलझन में उम्मीद उजाला, उत्सव उत्पादक उल्लास उद्घोषणा।

विनोद विमान विचित्र विज्ञान वर्ग में, वेग से विरोधी विजेता, विश्वासी विराम विलासिता विस्मित।

योगेश यक्ष यात्रा योजना युक्ति, याचना यामिनी यथार्थ, युवा योग्यता योगदान यज्ञ योजना।

भूरा भालू भव्य भूलभुलैया भ्रमण, भीम भाग्य भूख भंडार, भजन भोजन भिक्षा भावना भरमार।

छवि छाया छतरी छक्का छंद छाप, छवि छुट्टी छोटी छापाकली, छिपकली छेड़छाड़ छुआछूत छलांग।

शीलू शरारती शिकारी शेरनी शाम, शिखर शीशे शोखी शक्ति, शुभ्र शांति श्रृंगार शालीनता शानदार।

कनक कमल कॉमिक्स कक्षा कैमरा कैद, कल्पना कौतुक कृत्रिम किस्से, कुछ कुशल कमांडो कामयाबी करामात।

ललित लम्पट लंगूर लापरवाही लिमिट, लोकप्रिय लोलुपता लालच, लूटपाट लेखनी लयबद्ध लोकवार्ता लगाम।

मोहन मिश्रित मोजार्ट मेलोडी मजमा, मंच मुखौटा मुस्कान मन्त्र, मिलनसार महफिल मेहनत महोत्सव मनोरंजन।

नितिन नखरे नाच नया नक्शा नरम, नानी ने नापतोल नवेली, निपुण निर्माण निराला नादानी नवाचार।

ओजस्वी ओटला ओडिसी ओरछान ओखली, ओमकार ओले ओवरकोट ओजपूर्ण, ओंठ ओशो ओवन ओजस्विता ओर ओलावृष्टि।

पिंटू पपीता पे पंगा पकड़ा, पर पपीहे पे परेशानी पर परिहास प्रस्तुत पद्मासन।

कुक्कू कुर्सी कुंडली कुछ कुटिल कुतर्क, कुम्हार कुहासा कुलफी कुलाचें कुशलता कुशाग्र।

लक्ष्मी लालटेन लगा लकड़बग्घा लापरवाह, लाभ लुभावनी लोरी लंबी लालिमा लस्त-पस्त लावारिस।

मधु मधुमक्खी मध्य में मंदिर में मंत्र, मुख्य मुद्रा में मुस्कान मुक्त मुक्ताफल मुग्ध महक।

नटखट नंदू ने नाविक नाराज़ नज़रें, नाचते नापाक नौटंकी निराली नयनों निगाह निखार।

ओम प्रकाश ओलंपियाड ओजस्वी ओटला, ओझल ओकारी ओमनी ओर ओगणित ओखली ओत-प्रोत ओजस्वी।

प्यारे पंडित पे प्याला पीने पकड़े, पल पल पल्लवित पलक परिधि पवित्र प्रेम पुनीत प्रयास।

कविता की कैनवास कमल करामाती कालिदास, कुछ कुंवारे कुतूहल कुहास कुमकुम कीर्तिमान कलाकार।

लव लताएँ लंबी लिम्बू लड़ी लपेटे, लापरवाह लंगूर लोकगीत लहराते लक्ष्य लगाम लस्त-पस्त।

सुरेश के सुरीले साज़ पर सुमित्रा की सुमधुर सुबह सुरभित संगीत से सुशोभित हुई।

प्रदीप के प्रदर्शनी प्रतिमा की प्रतिभाशाली प्रकृति प्रेमी प्राणिक प्रिया के प्रणय पसंद में प्रवीण हुई।

भारती की भव्य भाषण भूमिका भीम की भीड़-भाड़ भरे भजन भवन में भरपूर भाव से भरी।

राघव की राजसी रसोई रचना के रचित रसमलाई रणनीति के राहत राशन में रासायनिक रूप से रंगी।

विकास की विचित्र विद्यालय वाणी विनीता की विशाल विद्या वर्ग में विशेष विज्ञापन विज्ञान से विराजित।

मालिनी के मनमोहक माला मेल महेश के मार्गदर्शन में मध्यांतर में महत्वपूर्ण मंत्र मुग्ध कर गई।

गीता की गुड़िया गौरव के गार्डन में गुलमोहर के गजरे से गुलज़ार गुनगुना गुनगुनाई।

नीलम के नयन नकुल के नवनीत नज़रिए के नाजुक निमंत्रण में नटखट नाच नचाया।

पंकज के पंजाबी पकवान प्रियंका के प्रांगण में प्रेम पूर्वक प्रस्तुत प्रतिष्ठित पुरस्कार प्राप्त किए।

अर्जुन की अर्धांगिनी अर्चना अरविन्द के अनुरोध पर अनुपम अनुष्ठान में अद्वितीय अवतार अपनाए।

मोहन के मोतीचूर में मोहिनी की मिठास मुकेश के मुख में मुक्तावली मनोरम मंच पर मुग्ध कर गई।

विनीत की वीणा विशेष वैशाली के विशाल विद्यालय में विद्यार्थी विविध विधाओं का विचार विमर्श कर वर्गीकृत किया।

संगीता की साड़ी संजय के संगीन साम्राज्य में सजधज के संजोई गई, सतरंगी स्वप्न सरीखी सराहना संपन्न हुई।

नलिनी की नवेली नाक की नथ निरज के नाटकीय नाद निवारण में नायाब नजराना निर्विवाद निर्णायक बनी।

भावेश के भांगड़ा भजनों में भव्य भाग्यशाली भवानी भास्कर के भूषण भूमि पर भरपूर भविष्य भविष्यवाणी करती है।

लता की लटकती लाल लच्छेदार लड़ियाँ लक्ष्मी के लाल लावण्य लोक में लाभदायक लगन से लोकप्रिय हुईं।

रवि के रासायनिक रिएक्शन राधिका के रंगीन रसायन कक्ष में रसबरी रंगों की रचनात्मक रणनीति रखते हैं।

सुमन के सुंदर सुगंधित सुमेलित सुमेरु सम्मेलन में सुमित्रा के सुकुमार सुरभित सुवासित सुरक्षा साधन सुरक्षित रहे।

सुमन के सुंदर सुगंधित सुमेलित सुमेरु सम्मेलन में सुमित्रा के सुकुमार सुरभित सुवासित सुरक्षा साधन सुरक्षित रहे।

प्रांजल के प्रज्ञान पूर्ण प्रस्तुति प्राची के प्रासादिक प्रेक्षागृह में प्राणपोषक प्रेरणास्पद प्रदर्शन प्रदान की।

चित्रा के चित्ताकर्षक चिन्ह चिराग के चिकित्सा चैम्बर में चिकनी चुपड़ी चाट के चमत्कार चाची ने चाखे।

विमल की विमानी वीरता विशाल के विश्वविद्यालय वार्षिकोत्सव में विवेकपूर्ण विवरण व्याख्यान विशेषता से विख्यात हुई।

नीरज की निर्भीक नौकायन निपुणता निधि के नैसर्गिक नज़ारे नमन के नवीनतम नक्शे में नखलिस्तान नज़र आई।

मधुर के मध्यमवर्गीय मानसिकता मालती के मानविकी महाविद्यालय में महानतम महत्त्वपूर्ण मार्गदर्शन में मान्य हुई।

ललित की ललित कलाएँ लोकेश के लावण्यमयी लोकार्पण में लोकप्रियता के लोकाचार लालित्य से लबालब लहराईं।

सुष्मिता की सुषुप्त सुंदरता सुधीर के सुविचारित सुभाषित में सुप्रसिद्ध सुरक्षित सुमेधा से सुखद अहसास सुनिश्चित करती है।

विक्रम की विशिष्ट वीरगाथा विनय के व्यक्तिगत विश्लेषण वाले वेबिनार में विजयी वर्णन व्यापक विश्वास से विमोचित हुई।

गरिमा के गरिष्ठ गानों का गगनचुंबी गुणगान गौरव के गार्डन गैलरी में गूंजता गया।

राहुल के रसीले रसगुल्ले रश्मि के रसोईघर में राजसी रेवड़ी की रिहाईश में रियासती रूप से रसबरी रंग रखते हैं।

प्रियंकर की प्रिय पतंग प्रीति के प्रांगण में पर्वतीय प्रतिमानों के प्राकृतिक प्रवाह में प्रफुल्लित प्रसारित हुई।

मनीष के मनमोहक मंडप में मीरा की मिर्ची मशाल मिलनसार मित्रों के मिलन की महफिल में मचलती मिली।

वंदना की विविध वेशभूषा विकास के वीडियो वार्ता में विस्तृत विश्वसनीय व्याख्यान विश्लेषण में वर्णित हुई।

संजीवनी की संजीवनी सप्ताह संगीत समारोह में संगतकार सागर के साथ संगीतमय संवाद सराहनीय साबित हुआ।

ज्यादा मुश्किल

उमा के उल्लासपूर्ण उपक्रम उदय के उद्‌घाटन उत्सव में उत्कृष्ट उत्पादन की उम्मीदों को उचित उदाहरण उपलब्ध कराया।

कमल के कार्यक्रम में कामिनी के कविता काव्य कलाप कल्पनाशील किस्सों के करामाती कलाकारी का कौशल कायल कर गया।

निखिल की नैतिक नजरिये ने निमिषा के नाजुक नखरे निखार के निपुण नायिका नाटक में निर्विवाद नामांकित किया।

गीतिका के गीतों की गूढ़ गलियाँ गौरवशाली गोपाल के गरिमामय गोष्ठी में गंभीर गवाही गवाह की गरारा गाए।

बिंदु के बटुए में बद्री के बंदरबांट की बिना बिलम्बे बराबरी बिन्दीदार बंधनवार बंद की गई।

रेखा की रिहर्सल रमेश के रिश्ते की रस्म में रंगीन रुमालों के रास राजदरबार में रचाई गई।

माधवी के मंचित मंत्र मनीष के मंडप में मनमोहक मुद्रा में मंगलमय मंगलाचरण में मुखरित हुए।

स्वाति के स्वादिष्ट स्वांग स्वरूप के स्वागत समारोह में सजीव संवाद सत्र में सराहनीय संयोग से सजे।

प्रदीप की प्रतिष्ठित प्रतिक्रिया प्रिया के प्राणपूरित परमेश्वर प्रेम प्रकरण में प्रतिबिंबित प्रकृति परिचय में प्रतिपादित की गई।

विक्रांत के विशाल विज्ञापन वृत्त विनोदिनी के विविध विचार विमर्श में विशेष विश्रांति वीडियो के व्याख्यान में व्याप्त हुआ।

चारुशीला की चातुर्यपूर्ण चिकित्सा चंद्रकांत के चारणगीत चर्चा में चकित चित्ताकर्षक चतुराई से चर्चित हुई।

निमेष की निर्णायक निगाहों ने नीलिमा के नैतिक निवेदन को निर्दोष निर्णय के निपटान में निर्विवाद निर्भर किया।

मुकुल के मुक्तक मुद्रा में मुनमुन के मुस्कान भरे मुहावरे मुख्य मंच पर मुग्ध करने में मुक्तिदायक मुहूर्त में महासागरीय महत्वपूर्ण माने गए।

राजेश की राजसी रजत रेखाएँ रेणुका के रेशमी रूमाल पर रचित रागिनी रोशनी में रोमांचक रूप से रंगीन रहीं।

सुरभि की सुंदर साड़ी सुरेंद्र के स्वर्णिम सभागार में सजीव संगीत समारोह के सुशोभित सुरमयी संयोजन में सुवासित हुई।

प्रणोति की प्रणवी प्रतिज्ञा प्रमोद के प्रांजल प्रतिभा प्रदर्शन में प्राचीन प्रमाण पत्र के प्रासंगिक प्रयोग पर प्रामाणिक प्रतिक्रिया दी गई।

मनोहर की मंदिर मुकुट मणियों के मंगल मौके पर मयंक के मंगलाचरण में मुखर मुद्रिका मनमोहक मुखौटे के मिथक माने गए।

विशाखा की विशेष विद्युत विवेचना विपुल के विपिन विहार में विमल विश्वसनीय विवरण वीथी में विश्रामित विशेषता व्यक्त की।

चारुलता के चतुर चित्रण चंद्रभान की चाची के चाय की चिट्ठी में चिकनी चुपड़ी चांदनी चमक में चारित्रिक चर्चा चित्रित की।

निलय की नवीनतम नक्काशी निर्मल के निर्णायक निर्देश में नजरिये के नज़दीकी निश्चय निकट निश्चित नियति निर्दोष निकली।

पार्थिव की प्राचीन पुस्तकें प्रियंका के प्रस्तुत प्रलेख में प्रभावी प्रकाशन प्रतिष्ठान में प्रसारित प्रतीत हुईं।

बद्रीनाथ के बालकनी बरगद के बेलबूटे बिलासपुर के बिस्कुट बिनाले में बिंदास बिराजे बिना बिसराए।

राघव के रंगीन रजत राखियों की रचनात्मक रिहाई रश्मि के रसगुल्ले राजसी रूप में राजधानी रवाना हुई।

सुशीला की सुशोभित साड़ी सुधीर के सुसज्जित संग्रहालय में सुंदरता की सुगंधित समारोह में समाहित हुई।

दीपक के दीप्तिमान दीवालिया दिनेश के दीवानखाने में दिव्य दर्शनीय दर्पण द्वारा दर्ज किया गया।

मोहिनी की मोहक मुस्कान मुकेश के मुफ्त मुद्रा मंच पर मुखरित मुहावरों के मुलाकात में मुख्यातिथ्य में मनाई गई।

विभा की विभिन्न विभूतियों विकास के विशाल विचार विमर्श में विस्तृत विवेचना विषय विज्ञान विशेषता से विचारित हुई।

चंद्रकांत की चांदनी चकाचौंध चमकदार चिंतन चित्रा के चित्रविचित्र चौखटे में चार चाँद लगाकर चित्रित की गई।

प्रकाश के प्रस्तावित प्रसंग प्रतिभा के प्रगतिशील प्रयासों में प्राणवान प्रकार से प्रतिष्ठापित प्राथमिकता प्रदान की।

नलिनी की नाजुक नजर नटराज के नाट्य निर्देश में नितांत निराला नाटकीय निपुणता से नाखूनों तक निखारी गई।

ललिता के लम्बे लोकगीत लक्ष्मण के लौकिक लावण्य में लोकप्रिय लहरों के लहजे में लहलहाते लिबास में लपेटे गए।

गोपाल के गोरखधंधे गीता के गुलज़ार गार्डन में गुलाबों की गुफ्तगू के गुणगान में गूँजते गए।

सुमेश की सुमुख संज्ञा सुरेखा के सुरीले साज में सुखद संगत के स्वरों में सुंदर संयोजन से सजीव हुई।

विनीता की विविध वस्त्राभूषण विनोद के व्यापारिक विश्लेषण में विश्वसनीय विज्ञापन विधा के विशेष विज्ञान से विख्यात हुईं।

प्रतीक के प्रचलित प्रलेख प्रियंका के प्राचुर्य पूर्ण प्रस्तुति में प्रमुखता से प्रदर्शित प्रज्ञा परिधान में प्रतिष्ठित की गई।

महेश के महासागरीय मंथन में मिताली के मिलनसार मित्रों की मध्यस्थता में मधुर मंगल गीत मिलाप में महत्वपूर्ण मानी गई।

रोहित के रोमांचक राजमुकुट रितिका के रत्नजड़ित रिबन पर राजसी रवैये से रिझाने रंगरूप में रास्ते रोके गए।

संजना की साजिशी संजीवनी संजय के संजोग सम्मेलन में सांस्कृतिक संकल्पों के साथ साहसिक सामर्थ्य साबित हुई।

दिव्या की दिव्य दृष्टि दीपक के दिनचर्या दस्तावेज़ में दिनदयाल के दुर्लभ दान दस्तखत में दर्ज की गई।

निर्मला की निर्भीक निगाहें निखिल के निखरते निर्माण न्यास में निदर्शनीय नियति के निमित्त निर्दिष्ट की गईं।

विकास के विलक्षण व्यापार वैभव के विमोचन में विशालकाय विज्ञापन विरासत विवेचना में विद्यमान विस्तृत विवरण वर्णित हुए।

मुकुंद के मुक्तकंठ मंत्रणा में मुग्धा की मुद्रित मुस्कान मुफीद मुहूर्त में मुखरित मुद्राओं के मुकाबले में महत्वपूर्ण मानी गई।

प्रशांत के प्रसिद्ध प्रसंग प्रिया के प्रतिनिधि प्रकार के प्रलोभन में प्रसारित प्रतिष्ठान के प्रयोगात्मक प्राचीन प्रणाली प्रस्तुत की गई।

लतिका के लटकते लाल लॉकिट लक्ष्य के लंबे लापरवाह लेख में लाजवाब लोकप्रियता के लहरों में लहलहाते लगे।

सोनाली की सोहबत में सोमेश के सोने की सीख संपत्ति समारोह में संक्षिप्त संकेतों के साथ संपादित संवाद सराहा गया।

राजन की रजत राशि राशि के रंगीन रस्म रवायत में रचनात्मक राजकुमारी रानी के रूप रेखा में रजिस्टरी रखी गई।

उत्कर्ष के उत्कृष्ट उद्धरण उमा के उल्लेखनीय उपन्यास में उलझने उजागर उपक्रमों के उपयोग में उत्पादक उपस्थिति उद्घाटित हुई।

भानु के भारतीय भाषण भूमिका के भूलभुलैया भाग में भव्य भवनों के भीतर भगवान भरोसे भागीदारी भड़काने भरी पड़ी।

निर्मल के निर्विवाद निकास निमिष के निम्नलिखित निर्देशों में निष्कर्ष नित्य निवासी निपुणता निर्धारित करते हैं।

विपिन की विपुल विपन्नता विनीता के विशेष विवाह में विस्तृत विषय-वस्तु वीरतापूर्ण विरासत विचार विमर्श के विज्ञापन में विख्यात हुई।

मानसी के मानचित्र में मननशील मानवता मायावी मार्ग में मायाजाल मकरंद के महत्वाकांक्षी मंजिल में महसूस की गई।

लक्ष्मी के लाभकारी लक्षण ललित के लालची लक्ष्यों के लास्टिक लपेटे में लाजवाब लावण्यता से लंबित लगाये गए।

गीतांजलि के गरिमामय गानों में गोपाल की गायकी गुरुकुल के गुणगान में गुरुत्वाकर्षण गूंज उत्पन्न करती है।

चंद्रभागा के चक्रव्यूह चित्रण में चित्तोड़ के चित्रकार चिंतामणि की चिकित्सकीय चिकनाई चित्ताकर्षक चालबाज़ी चर्चित हुई।

प्रभात की प्रभावशाली प्रस्तुति प्रियंकर के प्रतिबद्ध प्रयत्नों में प्राप्त प्रतिष्ठित प्रदर्शन प्रमुख प्रांगण में प्रस्तावित की गई।

सुरेखा की सुरमयी सुगंध सुरेंद्र के सुखद संगीत सभा में सुमधुर स्वरों की सुरीली साजिश से संयुक्त सामंजस्य स्थापित करती है।

विभावरी के विविध विज्ञान विषयक विचारों विशाल के विश्वविद्यालय व्याख्यान में विशेष व्यापकता से विश्लेषित वर्णित किए गए।

भावना के भावुक भजन भव्य भूमिका में भूषण के भूतपूर्व भवनों के भीतर भिन्न भाषा में भरपूर भावभीनी भाषा बोली गई।

मोहन के मोहक मंदिर में मनमोहन की माला में मधुर मधुमक्खियों के मंजूर मंगल मंत्रों का महत्वपूर्ण मंथन मुख्य रूप से मनाया गया।

लतिका के लंबे लाल लहंगे लक्ष्य के लौकिक लोकार्पण में लोकप्रिय लयात्मक लोकगीतों के लय में लाजवाब लावण्यता के साथ लहराया।

गौतम की गोधूलि गाथा गोपिका के गरिमामय गलियारे में गुरुकुल के गुणी गुरुजनों की गुरुत्वपूर्ण गुफ्तगू से गूंज उठी।

पंकज के पराक्रमी पंख प्राची के प्राचीन प्रतिक्रिया प्रदर्शन में प्रख्यात प्राणीशास्त्री के प्राणपूरित प्रवाह में प्रमुखता से परिलक्षित हुए।

ऋतिक के ऋषितुल्य ऋचाओं का ऋद्धि ऋद्धिमान ऋतुराज के ऋणात्मक ऋणी ऋजुता में ऋभुक्षा से ऋजु की गई।

चंद्रशेखर के चातुर्यपूर्ण चर्चाओं में चंद्रमौली के चरितार्थ चरित्र चंचलता से चंदन चर्चित चापलूसी चमक उठी।

सुधीर के सुधारात्मक सुविधाओं में सुरेश के सुरीले सुरक्षा संकेत सुमिरन से सुरक्षित सुविचारित सुझाव सुपरिचित हुए।

निशांत के निर्णायक निर्देशों में निधि की निष्पक्ष निगाहों ने निर्भीक निर्वाचित निवेदन निमित्त नियमित निकष निर्धारित किए।

मिलिंद के मिलनसार मिलाप में मीनाक्षी के मिठास भरे मिष्ठान मिलने पर मिले-जुले मिलानसार मित्र मुग्ध हुए।

विक्रांत की विकसित विकल्पों में विमला के विमोहन विशेषताओं का विपुल विपणन विप्रों के विप्रतिपत्ति विचार विषयक विज्ञान में विश्लेषित हुआ।

गौरव के गौरान्वित गाथागीत गरिमा के गंगा गृह में गहन गुणवत्ता के गुबार से गर्जना गाँव तक गूँज उठी।

प्रतीक्षा की प्रतिकूल प्रतियोगिता प्रणव के प्रारंभिक प्रस्तावना में प्रासंगिक प्राधिकरण प्राप्ति प्रतिश्रुति प्रक्रिया में प्रमुख प्रदर्शित हुई।

ललित की लालित्यपूर्ण ललाट लिपि ललना के लावण्यमयी लांछन में लाभदायक लाभांश लक्षित लंकेश की लयबद्ध लपेट में लालित्य से लगाई गई।

शोभा की शोखियों में शरद के शीतल शिल्प शैलीश की शालीनता से शांत शकुन्तला के शंखनाद श्रोताओं के श्रद्धास्पद श्रवण शक्ति में शामिल हुए।

दीपाली के दीपन दर्शन दिनेश के दुर्लभ दस्तावेज़ दरबार में दर्ज़ दीपावली के दीपों की दौड़ में दिव्य दिखाई दिए।

निर्मल की नीलिमा नीरज के निर्जन निवास में निवेदित निष्काम निष्पादन नियमित निरीक्षण निकट निष्ठा से निपटाई गई।

मोहक की मुस्कान मीरा के मोहन मधुर मंडप में मंत्रमुग्ध मनोहर माहात्म्य में मिश्रित महत्वपूर्ण मालिकाना हक में मनोनीत की गई।

विश्वास के विस्तृत विश्वरूप विनोदिनी के विवादित विषयक विचार विमर्श में विशेष विरासती विज्ञापन विनियोग से विख्यात हुआ।

प्रताप के प्राचीन प्रतिभाशाली प्रतिमाओं में प्राप्त प्रधान प्रशंसापत्र प्रीति के प्रस्तावित प्रसंग में प्राणपोषक प्रतिक्रिया के प्रसाद से पुष्टित हुआ।

रचना की रंगभूमि राजीव के राजसी रियासत राजदानी के राजहंस रंगमंच में राजतंत्र के रंगीन रस्मों रिवाज में रत्नाकर रसीला रूप से रचित हुई।

संजीवनी के संजीव संजोग संपन्न साहित्य सम्मेलन में साहसी सागर के संग्रहित संकल्प संवाद सामर्थ्य से साकार हुए।

महिमा के महानगरीय महत्वाकांक्षी मंच पर मनीष के मंतव्यों की मुक्तक माला मनमोहक मायाजाल में मनोरंजक महाकाव्य में महत्त्वपूर्ण मानी गई।

गोपाल की गरिमापूर्ण गद्यांजलि गीता के गुणग्राहक गौरव में गुणवत्तापूर्ण गौतम के गुरुकुल गुरुदेव की गुरुतर गुप्तवार्ता में गुरुत्वाकर्षण गान हुआ।

प्रियंका के प्रेमपूर्ण प्रसारण प्रतिदिन प्रसंग में प्रदीप के प्रतिपादित प्रस्ताव प्रचलित प्रत्याशित प्रकाशन प्रतिक्रिया में प्रमुख प्रतिष्ठित प्राणी परिवेशित हुए।

नंदिता की नटखट नज़ाकत नवीन के नायाब नक्काशीदार नगर निवेश में नर्मदा के नादान नजराने नृत्य नाटिका में निखर कर नज़र आई।

ललित के ललित कलाओं का लोकार्पण लोकेश के लाजवाब लेखनी लिपि में लिखित लालित्यपूर्ण लाभकारी लोकगीतों के लाभ में लगातार लोकप्रिय हुआ।

संगीता की संगीतमयी संगत संदीप के संवादी सत्र में संयोजित सांस्कृतिक साहित्य संग्रह में सशक्त साक्ष्य संजोया गया।

विभूति के विचारवान विद्यालय विनोबा के विशाल विद्वता वर्ग में विमर्श विषयक विवेकी विद्यार्थी विशेष विज्ञान के विकास में विराजमान विजयी हुए।

मंजूला के मधुर मंत्र मधुकर के मनोहर मण्डप में मंचित महोत्सव के माहात्म्य में मुख्य मंगलाचरण में मनमोहक मुद्रा में मिलनसार मनाया गया।

राधिका के राग रंजित रंगोली रमेश के रसिक राजदरबार में राजसी रूपांतरण के रूप में रत्नाकर के राजत्व रसायन में राहत की राह दिखाई।

सुधांशु के सुखद संस्मरण साक्षी के संगीत सम्मेलन में सुस्वर संध्या से सम्मोहित सारंगी संवाद साम्राज्य में सार्वभौम संकीर्तन सुनाई दिया।

निर्जर की निर्जीव निगाहें नितिन के निपुण निर्णयों में निर्विवाद निष्कर्ष निष्पादित नियत के निर्धारित नियमों के निमय में निष्ठा से निहित हुईं।

प्रवीण के प्रवाल प्रतिष्ठान में प्रतिभा के प्राकृतिक प्रयोग प्रमुख प्रस्तावना में प्रदर्शित प्रदीप्त प्रभाव प्रदान करते हैं।

वासुदेव की विविध व्याख्यानों में वैभव के व्यापारिक विचार वर्णित विशेष विज्ञान वर्गीकरण में विशिष्ट विश्लेषण विधि विस्तार से विमर्श किया गया।

मालविका के मालामाल मंडप में मनीष के मंत्रमुग्ध मधुर मेले में महामुकाबले के मुक्तक मुक्ताफल के महत्वपूर्ण मोती मनोहरी मंजरी में मिलाए गए।

गिरीश के गिरनार गृह में गीतिका के गुणग्राहक गीतों का गुंजन गौरवमयी गरिमा के गंगा गगनगृह में गूंजता गया।

विश्वनाथ के विश्वव्यापी व्यापार में विद्या के विशेष विचार विविध विषयों के विज्ञान संग्रह में विश्लेषणात्मक विधान से विस्तारित हुए।

संजीवनी की संजीवित संगीत सभा में संगीता की संगत के संग संयोजित संकेत सागर के संकुल संग्राम में सम्मानित साधना संपन्न हुई।

राजरानी की राजसी रंगशाला में रमेश के रंगरूप रंजकता के रस में रसीले रास रचाये गए, राग रंग के राजदूत रणवीर ने राह दिखाई।

लक्ष्मीनारायण के ललित लेखों का लोकप्रिय लांच ललिता के लब्ध प्रतिष्ठित लेखनी में लिखित लाल किताब के लिपि लेख में लागू किया गया।

निमिषा के निमंत्रण पर निर्णयात्मक निर्णायक निपुण निकेतन में नियुक्त निश्चयात्मक निष्पादन नियमित निवारण निम्नलिखित निष्कासित किया गया।

प्रतिभा के प्रतिफलित प्रयोग में प्रणव के प्रबोधन प्रक्रिया प्रसारण में प्राप्त प्रतिपुष्टि प्राचीन प्रमाण पत्र के प्रमुख प्रावधानों पर प्रकाशित की गई।

मानवी की मंचित महाकाव्य में मनोज के मनमोहक मंगल मुहूर्त में मालाओं का मिलाप मधुर मुस्कान से मुद्रित हुआ।

भावेश के भव्य भाषणों में भाग्यश्री की भावभीनी भूमिका भरत के भजन भाव संगीत में भक्ति भावना के भार से भारित हुई।

विश्वंभर के विलक्षण विचार विद्या के विविध विद्यालयों में विज्ञान वर्गीकरण के विशेष व्याख्यान में विश्लेषणात्मक विधान विस्तारपूर्वक विमर्श किया गया।

संजय की संजीवनी साधना सारिका के सांस्कृतिक संगम में संगीतमय साधना संयोजित साधुकथाओं के साथ सजीव संवाद से संपन्न हुई।

नंदिनी के नवनीत निवेदन नरेश के निर्देशानुसार निर्वाचित निर्णयों के निपटान में नवोदित निष्कर्षों का निखार नियत नियमों के निम्नानुसार निहित हुआ।

लक्ष्मण की लालित्यपूर्ण लावण्य संगीत ललित के ललित कलाओं के लोकार्पण में लयात्मक लोकधुनों के लोकप्रिय लहरियों के लब्ध प्रतिष्ठित लोकाचार से लबरेज़ हुई।

गीतांजलि के गंभीर गणित गवेषण गौरव के गणितज्ञ गणनाओं में गुणवत्तापूर्ण गुरुत्वाकर्षण गूढ़ता के गुप्त गठजोड़ गणना गणितीय गलियारों में गुंफित हुई।

प्रदीप की प्रतिष्ठित प्राचीन प्रतिमा प्रियदर्शनी के प्रतिबिंबित प्रसंग में प्रगतिशील प्रदर्शनी में प्रधान प्रमुखता से प्राकृतिक प्रवाह प्रस्तुत की गई।

संगीता के सुरीले स्वर संजय के संगत सम्मेलन में सुसज्जित संग्रहालय के सजीव सजावटी संदर्भ में संशोधित सिद्धांतों के साथ संवाद किया गया।

राजन की रचनात्मक रंगोली रेशमी के रेशम रचनाओं में रसीले रास्तों की राजसी रिहाइश में रोमांचक रोशनी के रोचक रिवाज रोशन हुए।

विश्वजीत के विजयी वर्चस्व विनीता के विविध विहारों में विज्ञापित विशेषताओं का विश्लेषण विमर्श वाले विद्वानों द्वारा विपुलता से विचारा गया।

लोकेश की लोकप्रिय लोककथाओं का ललित लालना लावण्यमयी लेखनी में लयबद्ध लहजे में लाखों लोगों के लाभार्थ लगातार लिखित लिपियों में लागू की गई।

मनोरमा के मनमोहक मुस्कान मनीष के मंचित मंत्रालय में मंगल मंदिर की मायावी माला में मणिपुर के मणियों की मालिका मानी गई।

निखिल के निर्दोष निर्वाचन निधि के निकट निवासियों के निमंत्रण में निम्नलिखित नियमों के निर्वहन के निपुण नीतियों का निर्णय निर्विवाद निर्धारित हुआ।

प्रतिमा की प्रतिष्ठानों में प्रतिभा के प्रथम प्रत्यायन में प्रगतिपरक प्राचीन प्राणी प्रतिरोधक प्रतिक्रियाओं का प्रखर प्रदर्शन प्रासंगिक प्रमाणित प्रक्रिया में प्रस्तुत किया गया।

संगीता की सारगर्भित सजीव साज सविता के सजल नयनों की सुषमा समेटे सुंदर सांवरे सपनों के सुकुमार संदेश संगीत समारोह में समायोजित किया गया।

रामदास के राजसी रणनीतिक रचनाएँ राधिका के रासबिहारी रसायन रागिनी में रजत रंगों की राखी रम्यता में रचित राजघाट पर रखी गई।

ललित के लालिमा लेपित ललाट पर लक्ष्मी के लावण्यपूर्ण लोचनों का लहकता लाभ लोकप्रिय ललाम लालसा में लास्यमयी लक्षण लिए लगातार लागू हुआ।

विक्रमादित्य के विस्मयकारी विश्वविजयी विज्ञान वृत्तांत विमल के विलक्षण विचारों के विपुल विस्तार में विवेचना विशेषता से विश्वसनीय विश्लेषण के विमोहन में विराजमान हुआ।

गणेश के गरिष्ठ गणित ग्रंथों में गरिमा के गणनात्मक गुरुत्व का गहन गवेषण गगनचुम्बी गणितज्ञों के गाथागीत में गुणात्मक गुणनफल के गणित से गूंथा गया।

प्रताप की प्रख्यात प्रतिमाओं में प्रदीप्त प्रतिभा के प्राचीन प्रतीक प्रज्वलित प्रदेश के प्रमुख प्रस्तावित प्रागुक्त प्राण प्रतिष्ठान में प्राणपूर्वक प्रसारित किए गए

संजीव के संजीवनी संकल्प सानिध्य में संजय की साधना सिद्धि के सप्तपदी समारोह में सांस्कृतिक संगम से सागर संगीत संयोजित सम्पन्न हुई।

रविकांत के राजकीय रथारोहण रागिनी के रासरंजन रंग में रत्नजड़ित रजतपात्र में रचित राजसी रवैया राजदरबार में राज्याभिषेक रूप में रेखांकित किया गया।

मनोहर की मनमोहक मुरलिया मीनाक्षी के मधुर मिलन महोत्सव में महामिलाप महागीत में मिलाकर मंगल मंच पर मुग्ध कर दिया गया।

विजयलक्ष्मी के विजयी वैभव विराज के विशाल व्योम में विधान विधिवत विश्राम विलास में विलक्षण विवेचना विज्ञप्ति विधा से विराजमान हुई।

प्रशांत की प्राचीर पर प्रवीण के प्रतिबिंबित प्रतिज्ञा पत्र में प्राणपूर्ण प्रवचन प्राप्त प्रतिष्ठा प्राचीन प्रागुक्त प्रतीकों के प्रमुख प्रस्ताव में प्रसारित की गई।

लक्ष्य की लयबद्ध लोककथाएं ललित के लम्बे लेखन में लघुपथ पर लिपिबद्ध लोकप्रिय ललितार्पण के लक्षण लाभकारी लागू लिंकन में लक्षित की गईं।

सुदेश के सुविज्ञान सुरक्षित सुरंग में सुमन के सुरभित सुगंध सुमिरन सत्संग के सुशील संवाद में सुधारक सुधि सुविचार से संपन्न हुए।

राघवेन्द्र की राजसी रियासत रचनात्मक रंगमंच में राजकुमारी राजनीति रूपक राग रंग के राजस्वल रवैये में रणनीतिक रूप से राजधानी रत्नों की राशि रोपित की गई।

भूमिका के भव्य भूषण भास्कर की भूलभुलैया भूमि में भुवन भास्करीय भूतल भ्रमण में भूरि भूरि भावनाओं के भंडार भरे गए।

सुष्मिता के सुव्यवस्थित संग्रहालय में सुनील की सुसंस्कृत सुधार संस्थापन में सुषमा सुरक्षित सुराही सुगंधित सुवासित सूत्रों का सुमेल सजाया गया।

निरंजन के निर्जीव निर्माण निधि के निपुण निर्देशन में नित्य निरंतर निवेदित निष्काम नियुक्तियों का निर्वहन नियमित निराकरण के निश्चय से निर्धारित हुआ।

प्रवीण की प्रतिपल प्रगति प्रशांत के प्राचीन प्रासादिक प्रवेश में प्राप्त प्रतिष्ठित प्रांजल प्रकाश प्रभाव परिलक्षित प्रमुख प्राधिकरण प्रायोजित की गई।

माधवी की मायावी माला महेश के मध्यस्थ मंच पर महत्वपूर्ण मंगल मुहूर्त में मधुर मधुसूदन के मधुकर मंत्रों के मिलन मिश्रण में मनोरंजक मनोहारी मानी गई।

ललित के लायक लोकार्पण लक्ष्मी के ललाट पर लगातार लाभकारी लक्षण लालच में लाक्षणिक लालित्य के लहरों में लोकप्रिय लवलीन हुए।

गीतिका के गीतों में गगनचुम्बी गुणवत्ता के गुणांकित गुरुत्व का गौरवगान गौरव के गर्भगृह में गंभीर गूढ़ता से गाया गया।

संजीवनी की साधना सत्येंद्र के स्तम्भ संरक्षण में संकल्पित सांस्कृतिक समारोह के स्वर संयोजन में सारगर्भित समृद्धि से संपन्न हुई।

रामानुज के रचित रहस्य राजनीति के रंगमंच पर रत्नाकर की रचनात्मक राशि रंजक रूपकों के रसायन से रसबरी रस में रमणीय रूप से रखी गई।

मनमोहन के मंचित मन्त्रणा मीरा के महत्वपूर्ण महोत्सव में महासागर के मोती मण्डप में मनोरम मुद्रा में मनाया गया।

विशाखा के विचारशील विद्यालय विभाग में विमल के विशिष्ट विद्यार्थियों ने विज्ञान विषय के विपुल विकास के विविध विधानों को विस्तार से व्याख्यायित किया।

लोकेंद्र की लोकप्रिय लेखनी ललित के लघुकथा संग्रह में लयात्मक लवणी के लसित माहात्म्य को लिपिबद्ध करने के लिए लाजवाब लोचन लागू किए गए।

निर्जल के नीलाभ नीरज के निर्मल निवास में निवेदित निखार के निर्णायक निश्चय नित्य नियमित निष्पादन निष्प्राण निराधार निहित किया गया।

प्राची के प्राणपूर्ण प्रतिक्रियाओं प्रियंकर के प्रतिबिंबित प्रस्ताव में प्रथम प्रकाशित प्रसंगों के प्रागल्भ प्रतिमानों का प्रस्तावना प्रसाद से प्रस्तुत किया गया।

शालिनी के शानदार शिल्प कौशल शेखर के शिल्पकार संघ में शिखर सम्मान के शिविर में शिष्टाचार से शोभित होकर शोधित श्रेणी में शामिल हुआ।

दिव्यांग के दीप्तिमान दर्शन दीपिका के दिव्य द्रष्टा संगम में दुर्लभ दर्पण के द्वारा द्वंद्वात्मक द्वारिका दशा का दस्तावेज़ीकरण दिल से दीया गया।

रविकिरण की राजकीय रविश रविना के रागिनी रंगमंच में राजतंत्र के रंगीन रूपांतरण के रसायन रंग रंगरेलियों में रसिक राजीव के रसदार रूप से रचाई गई।

मनीष के मानवीय मित्रता में मुदिता के मृदुल मुखर मुखामुखी में मुक्तकंठ से मुक्त मंच पर मुख्य मनोरंजन मुहूर्त में मुग्ध कर दिया गया।

नवीन के नाट्य निर्देशन में निधि के निर्णायक निर्भीक निपुणता ने नीरव निगाहों की निकट निश्चित निष्पादन नियमित नियोजन में निर्विघ्न निर्वाह किया।

प्रतीक की प्राचीन प्रवृत्ति प्रियंका के प्रेम पुष्प प्रदर्शनी में प्रचारित प्रतिष्ठित प्रकाश प्राप्त प्रारंभिक प्रदान में प्रत्यक्ष प्रदर्श प्राप्त हुआ।

लोकेश के लोकप्रिय लेख लवीना के लिए लाभदायक लक्ष्यों के लक्षित लेखन में लालित्यपूर्ण लयबद्धता के लिए लोकाचार के लहरिया लज्जित किया गया।

गोपाल के गुरुत्वपूर्ण गूढ़ गवेषणाओं में गायत्री की गणनात्मक गुणवत्ता का गरिमामय गणित गोष्ठी में गौरवशाली गोलार्ध गर्जना से गर्जित हुआ।

मुकुंद की मुखरित मुद्राओं में मयंक के मनोज्ञ मुशायरा मंच पर माहिर मुस्कानों की मिश्रित मान्यता मुख्य मंजिल मार्गदर्शन में मार्गस्थ की गई।

वैभव के विस्तृत विवेचन विनय के विचारशील विधान में विद्वत्ता का विलास विपुल विसर्जन वेदिका में विश्वसनीय विश्रांति के विमर्श से विस्तारित हुआ।

राजेंद्र की राजसी रस्में रचना के रचित रंगोली रंगरेज़ी में राजतिलक के रथयात्रा रसिक रूपांकनों के रसायन से रंगीन रूप रेखांकित किये गए।

श्याम के शिल्पायन शिविर में शिवांगी की शिक्षित शिरकत शिलालेख के शिखर संमेलन में शिष्टाचार से शिक्षाप्रद शिक्षण शिरोमणि के श्रीखंड में शामिल हुई।

निर्मल के निर्णायक निवारण निवेदिता के नित्य निविदाओं में निष्ठुर निपटान निर्विवाद निकटता के निश्चयात्मक निर्देशों के नियोग से निर्वाण पाया।

प्रशांत के प्रस्तावित प्रश्न पूजा के प्राणपूर्ण प्रतिभास्पद प्रसंग में प्रतिष्ठान की प्रमुख प्रयोगशाला में प्रदत्त प्राकृतिक प्रतिक्रियाओं का प्रारंभिक प्रकाशन प्रसारित किया गया।

अभिषेक के अभिनव अभियान अनुराधा के अनूठे अंकन में अंकित अवलोकनों का अवश्यम्भावी अवधारण में अवसरों की अविरल अविष्कारशीलता अंजाम दी गई।

मनोज की मंजिल मालती के मायाजाल में मन्मथ मंत्रोच्चारण के महत्त्वपूर्ण मंचन में मुखरित मुख्य महोत्सव में मुख्यालय में मंगलमय मनाया गया।

रागिनी की राजसी राजनीति राहुल के राजदरबार में राजकीय रिवाजों के रंग में रंगीन रजत रात्रियों में राजमुकुट राष्ट्रीय राजहंस में रत्नजड़ित रूप से रचित की गई।

शक्ति के शास्त्रीय शोध श्रीकांत के श्रीविद्या शिक्षण में श्रीमंत शिक्षकों के शिष्टाचार सिद्धांतों की शिक्षाप्रद शिक्षा शिक्षार्थियों के शिर पर शिरा बांधकर शिखर पर पहुँचाई गई।

निखिल की निपुण निश्चयात्मक निर्णय निराली के निर्भर निवेदन में निर्विवाद निर्णायक निर्णय निर्दोष निष्पादन नियमित निरीक्षण में नियुक्ति निश्चित की गई।

वंदना के वाद्य विशारद विपिन के विपुल विश्वविद्यालय विद्यावारिधि विधान में विद्यादान के विशेष विधि विचार में विमर्श व्याख्यान विशेष विस्तारपूर्वक व्यापक विकसित किया गया।

भूमिका की भव्य भूषण संग्रहालय में भरत के भाग्योदय भूषणों का भास्कर्य भावाभिव्यक्ति भविष्यद्वाणी के भविष्य भर में भव्यता से भरपूर भूमिका भजा गया।

चिराग की चित्रकारी चारु के चातुर्य चित्रण में चित्ताकर्षक चिन्हित चिरंतन चित्र चिरायु चर्चाओं के चरम पर चरितार्थ चित्रित किए गए।

दिनेश के दिव्य दृष्टिकोण दीप्ति के दर्पण दर्शन में दूरदर्शी दर्शनीय दानिशमंदी का दुर्लभ दस्तावेज़ दयालुता के दौरान दुनियादारी से दूर दर्शाया गया।

सुमित्रा की सुमधुर संगीत सभा में सुरेश के सुरीले साज़ का सुरम्य संयोजन सुकुमार संगीतकारों के संगत कर संगीतमय संध्या को सुशोभित किया गया।

नंदन के नवीन नजरिये निर्मल के नैतिक नियमों के निखरते निबंध में निम्नवर्गीय निर्णयों की नायाब निश्चितता निर्विवाद निराधार निष्पादन में नियोजित की गई।

गोपाल के गरिष्ठ ग्रंथों की गुणवत्ता गरिमा के गाने गणेश की गाथागीत में गंभीर गंधर्व गुरुकुल के गौरवपूर्ण गायन समारोह में गूँज उठी।

रमेश के रचनात्मक रेखाचित्र राखी के रंगोली रस्म में राजकुमारी के रंगरंगीले राजमहल में राजसी रविवार को रत्नाभरणों के रूप में रचित हुआ।

संगीता के संगीत संग्रहालय में सागर के सरगम सत्र का समावेश सुंदर संयोजन सुरेंद्र के सुरमयी सप्तक में सुसंगत सुर लहरी के साथ सम्मेलित किया गया।

प्रियंकर के प्रस्तुत प्रेम प्रकरणों में प्रतिभाशाली प्रचारक प्रीति के प्राकृतिक प्रसंग में प्रवीण प्रदर्शनी प्रदीप के प्रत्याशित प्रभाव से प्रस्तावित प्रसारित किया गया।

लोकपाल के लोकव्यापी लोकजीवन लेखनी में ललित के लयात्मक लोकतांत्रिक लहरों का लम्बित लोकार्पण ललाट पर लोकप्रिय लघुपथ लाभांश के लिए लागू किया गया।

विवेक की विविध विज्ञापन वीथियों में विनोद के विपुल विपणन व्यूहरचना का विशेष विश्लेषण विषयक विचार विमर्श विवेचनात्मक विधि से विश्वसनीय विस्तारपूर्वक विधान व्यक्त किया गया।

नीरज के नैतिक नीतियों निधि के निष्पादन नियमों में निरंतर निराकरण निम्नवर्गीय निर्वाचित निवेश में निष्ठावान नियोजन के नियमानुसार निपुणतापूर्वक निर्मित किया गया।

राजेंद्र के रसिक रचनाओं रविना के रागिनी रेखांकनों में राजवंशी राजमहल के राजसूय राजतिलक में रंगीन रजत रासलीलाओं के रहस्यमय रचाव के रूप में रचित रहे।

संगीता के सांस्कृतिक संकल्पना सिद्धार्थ के सुरीले संगीत सम्राट के सुखद संयोजन में साहित्यिक साधना सागर के सुरम्य संगत का सुविधाजनक समावेश सुनिश्चित किया गया।

मनीष के मनमोहक मंत्र माधुरी के मंदिर महोत्सव में महत्त्वपूर्ण मायाजाल के मालाकार मंगल मुहूर्त में मंगलदायक मंडप मंजूषा में मिश्रित मालाओं का मिलन हुआ।

विकास की विद्वत्तापूर्ण व्याख्यान वाली विधानसभा वीणा के विशाल विश्वविद्यालय विज्ञान वर्ग में विश्वासपूर्ण विद्यार्थियों के विवेचनात्मक विधान के विपुल विचार विमर्श किया गया।

लतिका की ललित कलाओं का लोकार्पण लव के लावण्य लोकप्रियता में लाखों लोगों के लिए लम्बे समय तक लालचाई लगन से लाभांश लायक लागू लगा।

शरद की शास्त्रीय शिक्षा शीला के शुद्ध शिल्पगत शोधपत्र में शिव के शंकरी श्रृंगार में शिवानी की शोभा शानदार शैली से श्रेष्ठ शिखर पर शांत शस्त्रागार में शुमार की गई।

निमेष के निर्णायक निश्चय नीता के निपुण नृत्य नवेली नायिका नज़रों की नगीने निधि में निखरते निष्पादन के निर्वाचन नीतियों में नित्य नियामक निर्देशन निर्मित हुआ।

प्रदीप के प्राकृतिक प्रतिभा प्रस्तुति प्रेम के प्राचीन प्रवाह में प्रतिष्ठित प्रज्ञा प्रदान प्रकाशन में प्रमुख प्रसंगों का प्रस्फुटन प्रसारित किया गया।

रचना की रंगीन रचनात्मकता रवि के रसभरे रचना राग में रसिक रणनीति के रथ पर रणक्षेत्र के राजकीय रहस्यमयी रस्में रूपांतरित रूप में रचित की गईं।

विनय के विचारवान विद्यालय विपुल के विज्ञान विभाग में विशिष्ट विद्वानों का विविध विशेषज्ञता वाले विषयों के विश्लेषणात्मक विमर्श के विश्रांति विधान से विकासित किया गया।

ललित की लोकप्रिय लेखनी लता के लावण्यपूर्ण ललाट पर लक्षित लालित्य लेखन के लंबित लाभकारी लेखों में लोकव्यापी लोकाचार के लांछन में लायक लागू किया गया।

मोहित के मोहक मंचन में मीरा के मनोहर मुद्राओं की मधुर मिलन मिश्रण में महत्वपूर्ण मंत्रालय में मुखरित मुद्रिका मुग्ध मनोरंजन मानचित्र पर मुद्रास्फीति मुक्त की गई।

संदीप के संगीत सभा में साक्षी के सुरीले स्वरों का सुखदायक स्वागत संगतकारों के संग सारंगी संवाद में सम्मोहित संग्राम से समर्पित हुआ।

नवीन के निखरे निर्देशों में निधि के नवेली निगाहों ने निपुण नियोजन के निमित्त निर्विवाद निष्ठा से निर्धारित निर्णयों का निर्वाह नियमित किया।

विजय के विशाल व्यापार में वैशाली के विचारशील विपणन विशेषज्ञों ने विपुल विक्रय विधानों के विमर्श में विनिमय वित्त विधि से विस्तारपूर्वक विस्तृत किया।

रमण के राजस्वल रिसोर्सेस राजलक्ष्मी के रंगमंच रचना में रचित रविकर के रविलोक में रसपूर्ण रागिनी रात्रिभोज में राग रंग से रंजित हुआ।

लक्ष्मण के लाख लोहार की लौह लेखनी में लीना के लयबद्ध लिखावटों का लम्बा लोकार्पण ललित ललाम लोकप्रियता में लाभकारी लगन से लागू किया गया।

मीनाक्षी के मधुर माहात्म्य मनीष के मंचित मनोरंजन में मंथन के महासागर में मंगल मुहूर्त के मिलन मिश्रण में मनमोहक मुद्रा में मनाया गया।

गौरव के गौण गुणात्मक ग्राफिक्स गरिमा के गर्भगृह में गुणी गुरुजनों के गुरुत्वपूर्ण गुरुकुल गुणवत्ता के गढ़ में गूढ़ गुरु गीता के गवाक्ष से गुजरता हुआ गायन गुंजित हुआ।

सिद्धार्थ के सुविचारित संकेतों की सिद्धि सोनाली के सोनेरी संसार में स्वर्णिम संध्या के संगीत संयोजन में सुरीले सुर संगम से सुशोभित हुई।

नवनीत के नाजुक निबंध निमिष के निर्देशन में निखरे नीरद के निश्चित निपुणता के निर्विवाद निष्कर्षों का निर्माण नियमित निष्ठा से निर्धारित किया गया।

प्रिया के प्रेरणादायक प्रस्तुतियों में प्रवीण के प्रचलित प्रणाली प्रदीप्त प्रकाशित प्रसंग में प्रसादिक प्रतिक्रिया प्रदान कर प्रस्तावना प्राप्त की गई।

चंद्र की चंचल चित्रकला चित्रा के चिरंतन चित्रण में चित्ताकर्षक चिन्हों की चारु चालित्य का चित्रमय चक्रव्यूह चिराग की चमकीली चौखट में चिह्नित किया गया।

महेश के महासागरीय महाकाव्य में मालविका के मंगल मयूख मंडित मंत्रमुग्ध करती मुक्तकों की मुख्य मंडल में मुग्ध मनोरंजन मुहर्रम में मुक्ति पाई।

भावना के भव्य भवन में भूमिका के भूषणों की भूलभुलैया भरे भंडार में भागीरथी भास्कर के भयानक भरोसे पर भरतनाट्यम भावनाओं का भविष्य भव्यतापूर्वक भविष्यवाणी की गई।

अभिजीत के अद्वितीय अभिनय अनुष्का के अनुशासनिक अदालत में अद्‌भुत अनुवाद का अनुकरण अनुकूलित अनुसंधान के अनुपम अनुराग में अनुरोध पर अनुग्रहित किया गया।

विक्रम के विकासशील विश्वविद्यालय विनोद के विपणन विधाओं में विशेषज्ञता के विविध विचार विमर्श में विपुल विरासती विकास की विराट विजय प्राप्त की गई।

लता की लयात्मक लिपियों का लालित्यपूर्ण लोकार्पण ललित के लावण्यमय लेखनी में लगातार लोकप्रियता के लहरों में लिंकन लिंगित लेखों के लेखाजोखा में लाभकारी लागू हुआ।

संदीप के साहित्यिक संकलन में सोनल के सुरीले स्वरों का सुषमा संगीत संयोजन संवेदनशील संस्कृति के संरक्षण में संशोधित संकल्पित संकेतों से समृद्ध हुआ।

निर्मल के निराले निमंत्रण नीरज के निखरे निर्देशन में निष्कर्ष नियामक नियतियों का नियोजन निर्भर निवास में निर्विवाद निर्दोष निष्पादन से नियंत्रित हुआ।

मालविका की मधुर मुस्कान महेश के महत्वाकांक्षी मंच पर मुख्य मुद्दों की मुक्त कंठ से मुक्ति मिलाने के मुहावरों में मुद्रित मन्नतों की मिठास में महफिल में महसूस की गई।

रघुनाथ के रंगमंचीय रिहर्सल में राधिका के राग-रंग की रचनात्मक रस्में राजेंद्र के रसोईघर के रसीले रसगुल्ले के रूप में रसपूर्ण रायता में रच बस गईं।

विशाल के विचारवान विज्ञापन वैभव के विलक्षण व्यापार में विश्वसनीय विपणन विद्या के विपुल विकास के विशेष विधान विमर्श में विनियोजित विविधतापूर्ण विषयों को विश्लेषण किया गया।

लक्ष्मी के लाभकारी लेखन लक्षणों में ललित लहलारी के लगातार लांछित लोकप्रियता के लिए लावण्यमयी लालित्य के लहजे में ललित कलाओं का लोकार्पण लक्षित किया गया।

सुरेश के संगीत संकुल में साक्षी की साधना सुव्यवस्थित संयोजन के सुशिक्षित संकेतों का सुसंगत समर्पण सार्थक संवाद के संग सागर की साझेदारी में सुनिश्चित किया गया।

नितिन के नवनिर्मित निवास में निवेदिता के निष्पाप निष्ठाओं का निर्बाध निपुणता से निर्धारण नियमित निर्वहन का नियंत्रण नियोजित निराकरण निर्विवाद निष्कर्षों के निमित्त किया गया।

मीरा की मनमोहक मुखाकृति मनीष के महान मंडप में मंगल मुहूर्त में मंचित मनोरंजन में मुख्य मनोहारी मुद्रा में मुक्ताफल से मुखरित हुई।

भारती के भव्य भाषणों में भास्कर के भागीदारी भरे भावों का भावुक भाष्य भूमिका के भूलभुलैया भूषण भंडार में भरपूर भाव से भरा गया।

अंजलि की अद्वितीय अभिनय कला अजय के अजर अमर अनुकरणीय अवसरों में अनुसूचित अनुष्ठान के अनुरूप अनुग्रहित अनुभवों के अनुकूल अंकित की गई।

गोपाल की गुणग्राहक गाथाओं में गीतिका के गंभीर गानों का गूढ़ गरिमा में गणनात्मक गणित के गर्भाधान से गर्भित गणेशोत्सव में गायन गर्जना से गुंजित हुआ।

प्रदीप के प्राचीन प्रतीक्षा पद्धति में प्रतिभा की प्रथम प्रदर्श प्राणाली प्रसाद के प्रस्तुत प्रसंगों के प्राप्त प्रयोगात्मक प्रक्रियाओं का प्रागल्भ प्रतिपादन प्रकाशित किया गया।

स्वाति के सुस्वादु संगीत समारोह में साहिल के संगत स्वरों का स्वर्णिम स्वागत सुव्यवस्थित सुर साधना के सुमधुर सुरों में सुसंगत सुमेल से सुविधाजनक संपादित हुआ।

महेंद्र की महत्वाकांक्षी मुहिम में मनीषा के मुक्त कंठ मंचन में महामंत्री के मंत्रमुग्ध करती मुस्कानों का मुग्ध कर देने वाला मंतव्य मुहर्रम के मौके पर मनाया गया।

विकास के विज्ञान विश्वविद्यालय में विभा के विशिष्ट विचार विमर्श विवेचना वर्ग में विश्वसनीय विज्ञापनों के विशाल विपुलता का विधान व्याख्यान में विराजमान विकसित किया गया।

ललिता के लम्बित लालित्यपूर्ण लेखों का लोकप्रिय लोकार्पण लोकेश के लोकव्यापी लवज में लावण्यमयी लागूता के लिए लक्षित लक्ष्मण के लघुपथ लेखन में लाभकारी लगाया गया।

संजीव के सजीव संजोग सुरेंद्र के सार्थक संवाद सम्मेलन में संगीत के सप्तक सागर में स्थित स्थायी संकेतों का सुसंस्कृत समावेश संयोजित संज्ञान में समर्पित हुआ।

नंदिनी के निर्मल नृत्य नवोदित नायकों के नवीन निर्देशों में निखरती नयनाभिराम नक्काशी नजराने के नाजुक निमंत्रण में नित्य नवनीत निवेशित की गई।

मनोहर के महाकाव्य मंचन में माला की मायावी मुस्कान मनीष के मनोज्ञ मंडप में मुक्तकंठ से मुक्त मंत्रों के मिश्रण में मनमोहक मनोरंजन मुखरित हुआ।

गौतम के गुरुत्वपूर्ण गानों में गरिमा की गणना गोपाल के गायकी गुरुकुल में गणितज्ञों की गहन गवेषणा गुंजायमान गीतों के गुलजार ग्रंथों में गर्भित हुई।

प्रताप के प्रासादिक प्रयोगों में प्रियंका के प्रेमपूर्वक प्रदत्त प्रतिक्रियाओं का प्रखर प्रभाव प्रशांत के प्रतिष्ठान प्रमुखों के प्रसाद में प्रत्याशित प्रगति के प्रस्ताव पर प्रस्तुत किया गया।

राहुल के रचनात्मक रेखांकनों में रश्मि के राग रंजित रंगों की रसभरी रचनाएँ रवि के राजसी रिसेप्शन में रणनीतिक रूप से रखी गईं, राजधानी के राजकीय रस्मों में राजकुमारी के रूप में रंगीन हुईं।

संजय के संजीदा संवाद संजना के संग्रहालय संगीत में सजीव सुरों की साजिश साहिल के सप्तक संयोजन में सागर की सांझ संध्या में सुस्वर संगति से सम्पन्न हुई।

निखिल के नैतिक नियमों के नियंत्रण में नीति की निर्विवाद निर्णय निर्माण प्रक्रिया निम्मी के निष्पक्ष निर्देशन में निर्दोष निपुणता से निर्मित निवेदन नियोजित किया गया।

विकास के विमर्श वेदिका में वैशाली के विश्लेषणात्मक विधि विधान के विवेकी विचारों का विवरण विपिन के विपुल विश्वास के विशेषण में विश्वसनीय विज्ञान वर्ग के विद्यार्थियों द्वारा व्यक्त किया गया।

ललित की लयात्मक लेखनी में लावण्य के लोकप्रिय लोचनों की लुभावनी लालित्यपूर्ण लिपियाँ लक्ष्मी के लंबे लोकाचार में लालिमा लेकर लागू लक्ष्यांकित की गईं।

मोनिका के मुखर मंचन में मोहित के मोहक मुद्राओं का मनमोहन मयूरी में मंत्रमुग्ध करने वाला मिलन मुक्तकंठ से मुग्धा के मन को मधुर महक से महत्वपूर्ण माना गया।

राघव की रंगबिरंगी रचनात्मकता राधिका के रास रचना में रमणीय रूप से राजसी रागिनी के रूपक में रंगीन रिहाई के रिवाज़ में रियाज़ के रूप में रचित हुई।

सुधीर के सुचिंतित सुझावों में सुनीता के सुकोमल संवेदना से संपन्न सुरम्य संग्राम सुलेखा की सुरीली सुबह के सप्तक में सुसंस्कृति की संविधान से सुशोभित हुई।

निमिष के निर्णायक निर्णयों में निधि के निर्दोष निवेश नीलिमा की निश्चित निपुणता के निवाड़ में निपटाने की निर्विवाद नीति नवीन नयापन के नियम के निकट नियुक्त की गई।

प्रभात की प्रखर प्रतिभा प्रज्ञा के प्रस्तुत प्रसंग में प्राणपूर्ण प्रयासों का प्रभावी प्रसाद प्राचीन प्रतीक्षा के प्रारंभ में प्रासंगिक प्रस्तावना प्रमुखता से प्रस्तुत किया गया।

महिमा के महत्वपूर्ण मुकाम में मिलन के मनोरंजक मंचन में मिथिलेश की मंडप मर्यादा मोहक मुद्रा में मिश्रित मिश्राणों की मायावी मंजूषा में मुख्यतः मनाई गई।

विपुल की विपणन विद्या वैभव के विवेकी विचारों में विश्वासी विधायक विधि विशाल विश्वविद्यालय के विज्ञान विभाग के विश्लेषणात्मक विधान में विपुल विचार विमर्श से विज्ञप्ति विकसित की गई।

चंद्रा के चतुर चालाकियों में चंद्रिका के चमकीले चरणों की चाल चक्रवर्ती चिन्तन के चर्चात्मक चक्र में चर्चित चित्रों के चित्ताकर्षक चित्रण से चमत्कारिक रूप से चिह्नित हुई।

बलराज के बुद्धिमानी भरे बहसों में बिन्दु की बुद्धिजीवी बातों का बारीकी से बहुमूल्य बहाना बहुचर्चित बैठकों के बजाय बाजारू बुनावट में बड़ी बेबाकी से बुना गया।

दिव्या के दीप्तिमान दर्शन दिलीप के दिव्य द्रष्टांतों के द्वारा दीर्घकालिक दृष्टिकोण की दुर्लभ दृढ़ता दस्तावेज़ीकरण में दक्षतापूर्ण दर्ज की गई।

सुमन के सुखद सुमिरन में सुरेखा की सुरीली सुरभियों का सुंदर सुगंधित संयोजन सुशील के सुविचारित सुझावों के सुविधाजनक सुमेल से सुसंगत सुगमता से सुष्ठु किया गया।

हरीश के हर्षित हास्यास्पद हालातों में हेमा की हृदयस्पर्शी हिलोरों का हल्का हाहाकारी हास हर्षवर्धन के हाथों हाथ हँसी का हल्ला बोल हुआ।

प्रियंक की प्रगतिशील प्रतिभाओं का प्रचलन प्रत्येक प्रस्तावना में प्रधानता से प्रदर्शित प्रतिपादित प्रयोजनों के प्रमुख प्रांगण में प्राकृतिक प्रकाश के प्राप्ति परिणामों के प्रसार के प्रस्थान पर प्रस्तुत किया गया।

रचना के रंगीन रिश्तों की रहस्यमयी राजनीति रजत के रचाव में रम्भा की रागात्मक रंगत राजकीय रवैये के रणनीतिक रूपरेखा में रास्ते की रौनक रूप में रचित हुई।

विनोद की विलक्षण वीरता विज्ञानी विवेक के विशेष विद्या वर्ग में विचारवान विद्वानों की विद्वत्ता के विपुल विचार विश्वसनीय विमर्श के विषय में विविधतापूर्ण विषयकों के विलय से विस्तृत हुआ।

सुधारक के साहसिक संकल्प सीमा के समर्थन में सुनील की सुज्ञानी सुझावों का सुकर्म सुप्रभात में सुबोध सुसंस्कारों के संग संयोजित सुदृढ़ संरचना से सुसज्जित हुआ।

मोहन की मोहक मुस्कान में मधु की मधुर मध्याह्न मुलाकात में मंदिर के मंच पर मनमोहक माल्यार्पण में मंत्रमुग्ध कर देने वाले मंत्रों का मंथन मुख्यतः मनोरंजक मनाया गया।

निशा के निर्दोष निवास में नीरव की निष्पादित नीतियों का निकट निर्वाण नितिन के नियमित निरीक्षण में निहित निर्बाध निपुणता से निर्धारित निवेश के निष्कर्ष नियुक्त किया गया।

पूजा के प्रफुल्लित प्रसंगों में प्रवीण के प्रयोगधर्मी प्रतिभाओं का प्रामाणिक प्रकटीकरण प्रकाश के प्रत्यक्ष प्रहार में प्रमुखतापूर्वक प्रस्तुत किया गया।

राजीव की रचनात्मक रणनीतियाँ रेखा के रंगीन रेशमी रूमालों में रजत के रसायनिक रिएक्शन के रूप में रिकॉर्ड की गईं, जिसे रोमांचक रूप से राष्ट्रीय रंगमंच पर रिहर्सल किया गया।

संजना के सान्द्र संवादों में सतीश के सत्वर संकेतों का संक्षिप्त समर्थन संगीता के सांस्कृतिक संग्राम में सम्मिलित संगत का सामंजस्य से समृद्ध हुआ।

विमल के विमोहक विद्युत व्यूहरचना वैभव के विशाल व्यापार में विवेचना की विशेष विधि वरुण के वार्तालाप में विपरीत विपणन विकल्पों के विपुल विस्तार से विचारित हुई।

हेमंत के हास्यास्पद हरकतों में हिना की हृदयस्पर्शी हर्षिता के हाथों हाथ हासिल हुई हार्दिक हंसी का हंगामा हरीश के हिसाब से हमेशा ही होता आया है।

चारु की चतुराईपूर्ण चर्चाओं में चंद्रकांत के चाकचिक्य चमत्कारों की चापलूसी चालाकी से चित्रित चिंतन चिंतामणि चौराहे पर चिरकाल तक चर्चित रही।

पंकज के पराक्रमी प्रयासों में प्राची की प्रतिभाशाली प्रस्तुतियों का प्राणवान प्रकाशन प्रांगण में प्रासंगिक प्राचुर्य के प्रमुख प्रस्ताव प्रस्तुत किया गया।

बिनोद के बहुमुखी बुद्धिमत्ता में भावना के ब्रह्मांडीय बुनावट की बारीकियों का बड़ा बखान बन्दना के बढ़िया बयान बनकर बिखरा, जिसमें बंदिशों के बिना बिम्बित बिंदुओं का बोध होता था।

गोपाल के गुणी गणितज्ञान में गरिमा के गगनचुम्बी गुरुत्वाकर्षण के गुरुतर गूढ़ता को गहराई से गौर किया गया, गौतम के गणितीय गोष्ठी में गणनाओं की गड़बड़ियों को गुणात्मक गणना से गढ़ा गया।

संध्या के संगीत समारोह में सचिन के साहित्यिक सृजनात्मकता का सम्मान सुमित्रा के सुमधुर स्वरों के साथ सुव्यवस्थित स्थान पर सुंदरता से सुशोभित किया गया, जिससे सभा का स्थायी सुखद अनुभव संजोया गया।

अनिल के अनूठे अविष्कारों में अर्चना के अद्वितीय अभिनय का अद्भुत अभिसरण अभिराम की अभिव्यक्तियों के अभियान में अभीष्ट अनुराग के अभिलाषित अभिनंदन से अभिषेक हुआ।

ज्योति की ज्योतिर्मयी जिज्ञासा जीवन के जटिल जालों को जीवंत करती जगजीत के ज्ञान जगत में जगमगाती जहाँ जाकर जर्जर ज़िन्दगियों को जरूरी जोश जगाया गया।

मानसी के मनोहर मंतव्यों में मानव की महत्त्वपूर्ण मान्यताओं को मान्य करते हुए मानसिकता के मापदंडों को मापती माला में मालिनी के मास्टरफुल मनोविज्ञान का मिश्रण मिलाकर मायावी मनोरमा को मंचित किया गया।

प्रिया के प्रीतिकर प्रस्तावों में पुनीत की पुरानी प्रणाली का प्रगतिशील परिष्कार प्रशंसनीय परिवर्तन के परिपेक्ष्य में प्राचीन पद्धति के पराजय को परिवर्तित कर प्रदान किया गया।

विकास के विचारशील व्यवहारों विनय की विविध विधाओं के विशेषणों में विस्मयकारी विज्ञान की विस्तृत व्याख्याओं को विधिवत व्यक्त करते हुए व्यापक विजय प्राप्त की गई।

नीलम के निष्ठावान निर्देशों में नवीन की नज़रों की निगरानी नियंत्रण की निकायों में निहित निम्नलिखित नियमों का निर्माण निराले निपुणता से निर्वाह किया गया।

संजीवनी के संजीव शक्ति सम्पन्न सत्रों में सज्जन की सर्जनात्मक संरचनाओं का संयोजन संगीतमय साधना के संग शिल्पी के सप्तपदी समारोह में समर्थन पूर्वक समाहित किया गया।

चेतन के चिरपरिचित चिंतन में चारू के चैतन्य चित्रण की चतुर चालाकियों का चारित्रिक चमत्कार चंद्रिका के चालिस चौपालों में चालीसा के चंद छंदों के साथ चर्चित हुआ।

कृष्ण के कृत्य क्रियाकलाप कृतज्ञता से कृषकों को कृतार्थ करते। कृष्ण के कंगन कलकल करते कृष्णा के करतल में कलियों का कमल।

सक्षम की सक्षमता से प्रशंसा प्राप्त प्रशस्ति पत्र प्रस्तुत प्रकाश में प्रमुख प्रदर्शनी प्रदान की। सक्षम सजीव संस्कृति संरक्षण में समर्पित, प्रशंसा पत्र प्राप्ति परिपूर्ण प्रतिफल प्राप्त करते।

बबलू के पालतू बब्बर शेर बड़े बेबाक, बाकी बकरी वाले बगल के बंगले में, बब्बू बिना बात बंटी बंदर की बहादुरी बताए।

पिंकी ने पुराने पुल पर पानीभरी पिचकारी पकड़ पप्पू पर और पानीपत वाले पंडित पांडेजी पर पानी फेंका।

फिरकी वाले फूफा फरवरी में फिरकी फिराए और फेंके फटा रूमाल फुर्ती से फूडी फूफी पे, फालतू व फरार फकीरचंद फ़िक्र से फालतू फल फेंकता।

विष्णु विचारों में व्यस्त, ब्रह्मा भविष्य बताते, महेश मौन में मनन करते। ब्रह्मा की ब्रह्मांडीय बनावट, विष्णु का विश्व विहार, महेश का महामृत्युंजय मंत्र मंगलमय।

टिंकू तेली की टमाटरी टनाटन टाई टाइट, ठंडी टेढ़ी टहनी पर टंगे थके टीकू ठाकुर के टमाटुम ट्रेन के टिकट।

कृष्ण की क्रीड़ा कन्हैया के कोमल क्रोध को कम करती, कन्हैया कृष्ण की कृपालु क्रांति क्रीड़ा और कर्म के कायल।

प्रशंसा की प्रशंसा प्रसन्नता से प्रस्तुत प्रसाद सम, सक्षम सक्षमता से सजीव प्रशंसा संग्रह संभाले सम्मान समेटे। प्रशंसा पत्रक प्रस्तुति प्रक्रिया में प्रतिभाशाली प्रकाश का प्रसार, सक्षम सजग समाज सेवा समर्थित।

शक्की संतोषी सांप शकुनी से सारांश संघर्ष संजोग से, साहसिक सफेद शक्कर से सपने शाही शहर में साकार करें।

गर्मी में गड़बड़ गड्डू गाय की गर्दन अखरोट युक्त गर्म घास ग्रहण करती, गटकते ही गजरौला में गाय मित्र गजब गजगामनी गर्म घास गर्मी के गुण गढ़ती।

वकील विनोद के विभाजित विचित्र विश्वास वाले व्यंजन के वक्त वचनबद्ध विश्वासी विद्वान विलाप करें।

नगर निवासी नीलू के नीले नक्काशीदार नंदनी नाव नादानी में नदी में नाचे, नन्हें नाविक नमस्कार करते नव नाव को निहारे।

मिन्नी की मनभावनी मंगली मिर्ची मिठाई में मिली, मोहन का मिलाजुला मन मोहक मिश्रण मित्रों में मचाए भूचाल।

गर्मी में गुड़ की गर्मागर्म गजक और गिलास का गुनगुना पानी गर्म, गुड़ गजक गुनगुनाती जाती गर्मी से गुम।

शीला की सफल शिक्षा सदन शीर्ष पर, सादी शीतल सफेद शाम साड़ी में शिक्षक शिक्षा शाला सहजता से शोर मचाए।

बहते पानी के बगल में बब्बू ने बंदर बाँधा, बंदर बंधतें ही बहते पानी में बह गया। बहते पानी पर बंदर बजाए बांसुरी, बांसुरी की बहकती धुन पर बहता पानी भी बहका। बहता पानी बिना बाधा बड़ी बहादुरी से बहता बढ़ा, बरबस बिनोद बहते पानी को बघारते बह गया।

निर्माण

लेखक - अंशुमान शर्मा

अंशुमान एक उद्यमी और निवेशक हैं और उन्होंने कई सफल कंपनियों को आगे बढ़ाने में महत्वपूर्ण भूमिका निभाई है। उन्होंने विभिन्न क्षेत्रों में कई लाभदायक कंपनियां बनाई हैं। वह कई अन्य संगठनों के विकास का समर्थन करने में भी शामिल है। व्यवसाय में, उनकी रुचि अत्याधुनिक प्रौद्योगिकियों और नवीन सेवाओं में है।
उनके मार्गदर्शन ने कई व्यापारियों, निवेशकों और उद्यमियों को अपने उद्देश्यों में सफल होने में मदद की है। उन्होंने कई entrepreneurship और इन्क्यूबेशन सेंटर्स को भी आगे बढ़ाया है।

लेखिका - नीलम पाठक

नीलम एक अंतर्राष्ट्रीय प्रकाशित लेखिका, प्रबंधन सलाहकार और मानव संसाधन प्रबंधन और संचार कौशल में विशेषीकृत कॉर्पोरेट प्रशिक्षक हैं। उन्होंने मानव संसाधन के प्रदर्शन को बढ़ाने में सहायता के लिए प्रमुख अंतरराष्ट्रीय ब्रांडों के साथ काम किया है। वह भारत में स्थित एक व्यक्तित्व विकास संस्थान 'कन्वर्सेशनल स्किल्स' की निदेशक हैं।

अंतिम भाग

तो, अब हम इस आनंदपूर्वक और चुनौतीपूर्ण शब्दों की यात्रा के आखिरी हिस्से में पहुँच गए हैं। यह सही समय है उन सारी कठिनाइयों को याद करने का, जो आपने पार कीं, और उस प्रगति को देखने का, जो आपने हासिल की। इस पुस्तक के ज़रिए आपने टंग ट्विस्टर्स की गहराई में झाँका, शब्द बोलने की बारीकियों को समझा और अपने बोलने की कला को बेहतर बनाने के लिए मेहनत की। लेकिन यह कोई आखिरी पड़ाव नहीं है, बल्कि एक नए रास्ते की शुरुआत है।

इन पन्नों के बीच, आपने ऐसी चुनौतियों का सामना किया, जो आपकी स्पष्टता, उच्चारण और शब्दों के प्रवाह को परखती थीं। आपने टंग ट्विस्टर्स के ज़रिए खुद को चुनौती दी, अपने कौशल को सुधारा, और उन सीमाओं को भी पार किया, जिन्हें आप पहले मुमकिन नहीं मानते थे। पर यहीं रुकना नहीं है, क्योंकि यह सफर अभी लंबा चलना है।

शब्दों को बोलने की कला में महारत हासिल करने के लिए आपने अपना जोश, लगन और सीखने की चाह पहले ही दिखा दी है। आपने कठिन शब्दों और वाक्यों से युद्ध किया, जटिल शब्दों के खेल में महारत हासिल करने की कोशिश की, और अपने बोलने की आदतों को सुधारने में मेहनत की। इस सबके बीच, आपने अपनी भीतर छुपी बोलने की कला को पहचानना शुरू कर दिया है।

अब, जब आप इस पुस्तक के दिए गए टूल्स, तकनीकों, और टंग ट्विस्टर्स के संग्रह के साथ तैयार हैं, यह वक्त है कि आप इस यात्रा को और आगे लेकर जाएं। नियमित अभ्यास, थोड़ा धैर्य और बोलने की शक्ति को बढ़ाने का जुनून आपके साथी बनेंगे। और हर बार जब आप अपने कौशल को थोड़ा और निखारेंगे, तो आप उस मुकाम के और करीब पहुँचेंगे, जहाँ आपका भाषण हर किसी को प्रभावित कर सके।

इस पुस्तक के हर अध्याय ने आपको कुछ नया सिखाया है। केवल टंग ट्विस्टर्स ही नहीं, बल्कि यह भी कि धैर्य और दृढ़ता के साथ हम किसी भी चुनौती को पार कर सकते हैं। जब भी कोई वाक्यांश आपको मुश्किल लगे या आपकी कोशिशों को परखे, यह एक मौका है खुद को और मजबूत और धैर्यवान बनाने का।

तो, अपनी इस शानदार यात्रा का यह अंत नहीं है। इसे एक नई शुरुआत की तरह देखिए और अपने बोलने वाले शब्दों को और बेहतर, और प्रभावशाली बनाइए। सफर का आनंद लीजिए, क्योंकि बोलने की यह कला और शब्दों पर पकड़ आपको हर कदम पर कुछ नया सिखाएगी।

www.ingramcontent.com/pod-product-compliance
Lightning Source LLC
LaVergne TN
LVHW091215150826
845672LV00005B/1367
9798230249610